KB176728

365매일매일
새롭게 변화하는 삶

365매일매일
새롭게 변화하는 삶

초판 1쇄 인쇄   2021년 2월 20일
초판 1쇄 발행   2021년 2월 25일

지은이   김광훈
펴낸곳   함께북스
펴낸이   조완욱

주소   412 230 경기도고양시덕양구행주내동 735-9
전화   031-979-6566~7
팩스   031-979-6568
이메일   harmkke@hanmail.net

ISBN   978-89-7504-750-3 04320

365매일매일
새롭게 변화하는 삶

renewal Life

김광훈 지음

함께
BOOKS

현세 최고의 미래학자로 존경받는 앨빈 토플러는 '세상은 계속해서 움직이는 것이며 우리도 그 변화를 따라 변해야 한다. 변화하지 않으면 절멸(extinct)한다'고 했습니다.

　변화는 자신의 습관화된 일상에서 벗어나야하는 것이기에 대개 사람들은 지금의 상황을 그대로 지키려는 마음이 있습니다. 하긴 지금까지 자신의 삶을 지탱해 주던 자신의 울타리와 생활반경, 커뮤니티 속에 투영되어 이미 고착화된 자신을 변모시키기란 쉽지 않은 일입니다. 또한 변화의 고통을 겪을 때는 그 고통이 한없이 이어질 것 같은 두려움에 사로잡힙니다. 그래서 변신의 시기를 놓치고 도태되는 결과를 초래합니다. 그러나 낡은 생각의 틀에 갇혀 있으면 새로운 사고가 들어갈 틈이 없습니다. 허물을 벗어내야 아름다운 나비가 태어나듯이 변신해야 새로운 세상의 환희를 느낄 수 있습니다.

이 책은

자신의 분야에서 성공적인 삶을 보낸 사람들의 삶을

한 마디의 명언으로 표현한 그들의 인생을 살펴봄으로써,

이 책을 선택한 독자들께서도

365 매일매일 새롭게 변화하는 세상에

조금이나마 도움을 주었으면 하는

진솔한 마음으로 기획한 책입니다.

365 매일 매일, 당신의 삶을 리뉴얼(renewal) 하십시오.

차례

January
1월 / 사는 것이 최고의 용기다 • *009*

February
2월 / 행동보다 더 강력한 설득은 없다 • *045*

March
3월 / 당신의 가슴을 사용하라 • *075*

April
4월 / 오버나잇 석세스는 없다 • *109*

May
5월 / 지금 지옥을 지나고 있다면, 계속 가라 • *143*

June
6월 / 버려야 새로운 것을 얻는다 • *177*

July

7월 / 삶의 속도를 늦추라 • *209*

August

8월 / 나의 방식이 옳았다 • *243*

September

9월 / 새로운 것을 동경하는 인간 • *275*

October

10월 / 설렘을 즐기면 이긴다 • *307*

November

11월 / 사소한 것들의 위대한 힘 • *341*

December

12월 / 오늘이 내 생애 최고의 날 • *373*

January

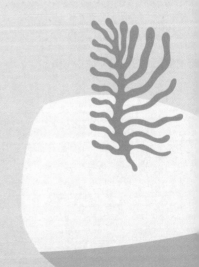

1월 / 사는 것이 최고의 용기다

사랑한다면 바로 표현하라

If you love someone, you say it, right then, out loud. Otherwise, the moment just passes you by.

당신이 누군가를 사랑한다면 그 즉시 크게 말하라. 그렇지 않으면 그 순간이 당신을 바로 지나쳐버린다.

줄리아 로버츠 Julia Roberts

당신의 사랑이 간절하다면 바로 표현해야 후회를 남기지 않습니다. 세상의 모든 좋은 것이 그렇듯이 사랑도 쟁취해야지 저절로 주어지지 않으니까요. 당신의 마음 안에 비밀스럽게 사랑하는 사람이 담겨있다면, 지금 바로 그를 만나러 가세요.

사는 것이 최고의 용기다

Sometimes even to live is an act of courage.

어떤 때는 사는 것조차 용기 있는 행동이다.

세네카 Seneca

현실의 고통에 괴로워하며 자신의 운명을 원망하고 자신에게 모질게 구는 경우가 더러 있는데 이런 행동은 결코 현명한 행동이 아닙니다. 자기스스로 자신을 질책하지 않더라도 힘들게 하는 일과 사람들은 끊임없이 다가올 것입니다. 그것이 삶이니까요. 하지만 겉으론 평온해 보이는 그들의 삶 또한 당신의 삶과 별반 다르지 않습니다. 그들 또한 매일매일 전투를 치르듯이 살아가고 있습니다.

이러한 세상에서 서로의 입장을 배려하는 사소한 위로의 말, 응원의 메시지, 한 마디 격려도 살아가는 이유가 되고 큰 힘이 됩니다.

따뜻하고 친절한 말로 하루를 시작하십시오. 당신이 중요한 이유는 다른 사람에게 크든 작든 영향을 미치고 다른 이의 삶과 맞닿아 있다는 데 있습니다.

현명하게 짐을 지는 법

It's not the load that breaks you down, it's the way you carry it.

당신을 무너뜨리는 것은 짐이 아니라 당신의 짐을 지는 방식이다.

루 홀츠 Lou Holtz

삶의 무게를 느끼게 하는 인생의 짐이 없는 사람은 없습니다. 하지만 어떤 삶의 태도와 마음가짐에 따라 느끼는 무게감은 크게 다릅니다. 하는 일이 즐겁고 인간관계가 원활하다면 자신이 짐을 진 것조차 잊어버릴 때가 많지만, 부정적인 생각이 자신의 마음을 지배하고 있다면 삶의 매순간이 괴로울 뿐입니다. 부정적인 생각은 모래폭풍이 모든 창문을 꼭꼭 닫았음에도 집안 곳곳에 내려앉아 쌓이듯이, 어느새 우리의 마음속에 들어앉아 우리의 삶을 힘들게 하고 괴롭힙니다. 마음의 먼지가 희망을 바라보는 시야를 가리기 전에 방어를 철저히 하고 이미 들어온 먼지는 수시로 닦아내야 합니다.

생애 최고의 날, 오늘

Write it on your heart that every day is the best day in the year.

매일이 1년 중 최고의 날이라고 그대 가슴에 새겨라.

랠프 월도 에머슨 Ralph Waldo Emerson

오늘을 인생 최고의 날로 생각하고 하루를 출발하면 매사를 성의 있게 처리하게 되고 인간관계에 있어서도 사람을 대하는 태도가 긍정적으로 변화하기 때문에 인간관계 또한 순조롭고 일이 잘 풀리게 됩니다.

봄에 갚아야 할 빚에 대한 걱정을 가슴에 담고 있으면 겨울이 빨리 지나가듯이, 모든 생(生)에는 죽음이라는 엄청난 미래가 기다리고 있지만 이를 너무 의식하고 살다가는 삶을 제대로 즐기지도 못하고 순식간에 그것과 마주치게 됩니다. 어떤 점에서는 일상에 늘 존재하는 생존과 생계 문제, 우리의 존엄을 지키기 위한 크고 작은 매일 매일의 투쟁이 있기에 죽음에 대해 미처 시간을 두고 생각하지 않아도 되는 것 같습니다.

미래에 대한 두려움으로
시간을 허비하지 말라

Don't waste time in doubts and fears; spend yourself in the work before you, well assured that the right performance of this hour's duties will be the best preparations for the hours or ages that follow it.

의심과 두려움으로 시간을 허비하지 말라; 당신 바로 앞에 놓여 있는 일에 시간을 소비하고, 현재의 책무를 제대로 수행하는 것이 다가오는 미래에 대한 최선의 준비임을 확신하라.

랠프 월도 에머슨 Ralph Waldo Emerson

청춘의 시기에 있는 젊은이에게는 열정과 에너지는 있지만 미래에 대한 청사진은 어둠 속을 달려가는 것과 같기 때문에 여건이 좀 나은 젊은이나 그렇지 못한 젊은이나 미래가 불안한 건 마찬가지입니다. 하지만 청춘시절을 경험한 필자가 선배 입장에서 말하자면, 인생이란 그렇게 만만하지도 그렇다고 그렇게 막막하지도 않습니다. 자신의 일을 열심히 하는 가운데 만나게 되는 사랑하는 사람, 자신의 안위와 미래를 진심으로 걱정하고 조언하는 좋은 동료와 선배 그리고 삶을 이끌어주는 멘토를 만나게 되면, 인생의 불안과 짐은 한결 가벼울 수 있습니다. 청춘시절에는 자신의 할 일을 하면서도 그 시기에 누릴 수 있는 특권을 한껏 누리면 됩니다.

행복은 나비와 같다

Happiness is like a butterfly. The more you chase it, the more it will elude you. But if you turn your attention to other things, it comes and softly sits on your shoulder.

행복은 나비와 같다. 쫓아가면 갈수록 당신을 피한다. 하지만 다른 일들에 정신을 집중하고 있으면, 어느새 당신의 어깨 위에 살포시 앉는다.

나비의 날개 짓이 불규칙하게 움직이는 듯 보이지만 나비의 날개 짓은 나비만의 길, 이른바 '접도'가 있습니다.

돈과 명예, 그리고 여자의 속성은 급한 마음에 당장 잡으려고 쫓아가면 잘 잡히지 않습니다. 그러나 그것들은 자신의 할 일에 집중하다 보면 어느새 살며시 다가옵니다.

행복은 옹달샘의 물처럼 조금씩 새어나와 마음의 샘을 채우는 것이기에 인위적으로 연출하려고 하면 자신에게 좀처럼 다가오지 않습니다. 행복 또한 불규칙해 보이지만 행복만의 '접도'가 있습니다. 그 길을 꾸준히 찾는 것이 인생의 길입니다.

늦은 때가 가장 이른 것이다

There is an immeasurable distance between late and too late.
늦은 것과 너무 늦은 것 사이에는 측량할 수 없는 거리가 있다.

앤 소피 스웨친 Anne Sophie Swetchine

모든 것을 예측하고 사전에 대응하면 좋겠지만 세상을 살다 보면 예기치 않은 일이 발생할 때가 있습니다. 그렇더라도 포기하지 말고, 주어진 상황에서 최선을 다하다 보면 예상외의 기회를 맞이할 수 있습니다. 불운 앞에서 '그런 일이 벌어지지 않았으면 좋았을 것'이라고 자책하거나 '시간을 낭비하면' 더 큰 불행으로 비화될 수 있습니다. 우리의 인생에서 예상치 않은 일이 발생하는 것은 운명적인 요소가 강하기 때문에 스스로의 힘으로는 어찌할 수 없는 통제 밖에 있지만, 일이 발생한 후에는 스스로 그 운명의 주인공이 되어 모든 결정을 스스로 하며 삶을 헤쳐 나가야 합니다.

자신의 운명에 관한 일을 남의 결정에 맡겨 결과가 좋지 않을 때처럼 후회스럽고 비참한 일도 없습니다. 사랑이든 진로든 최종결정은 자신이 스스로 선택하세요.

사랑한다면 자유를 주라

If you love somebody, let them go, for if they return, they were always yours. And if they don't, they never were.

당신이 누군가를 사랑한다면 그들을 자유롭게 하라. 왜냐하면 그들이 돌아온다면 그들은 항상 당신의 사람이기 때문이다. 돌아오지 않는다면 그들은 결코 당신의 사람이 아닐 것이다.

칼릴 지브란 Khalil Gibran

사람의 감정은 변하기 쉬운 것이기에 누군가를 자신에게 묶어두려고 하면 할수록 반발의 에너지도 함께 축적됩니다. 사랑을 얻기 위해서는 상대의 자유의지를 존중하면서 사랑의 본질적인 속성인 끊임없는 관심과 아낌없는 정신적, 물질적 투자가 지속되어야 합니다. 그래도 그 마음을 소유할 수 없다면 그것은 본래 내 것이 아니라고 기꺼이 놓아줄 수 있어야 합니다.

모든 투자가 꼭 회수되지 않는 것처럼 사랑 또한 그렇습니다. 이러한 사랑의 원리를 모르고 사랑을 시작하면 그로 인한 상처로 인해 절망의 나락에 빠질 수 있습니다. 부질없는 집착은 가질 수도 있었던 다른 기회조차 놓치게 될 수도 있습니다.

현재가 최고의 선물이다

My time is now.

나의 시간은 지금이다.

존 터너 John Turner

미래를 준비하느라 지나치게 바쁜 삶을 사는 사람들이 있습니다. 하지만 내가 이 순간 존재한다는 사실조차 의식하지 못하고, 현재가 최고의 시간인지도 모르고 무심히 흘려보낸다면 인생의 즐거움을 전혀 느끼지 못한 채 소중한 삶을 허비하는 것입니다.

인생은 자신의 연령대에 맞춰 즐기는 시간을 적절히 배분하는 삶을 보내야 후회를 남기지 않습니다. 자신에게 주어진 여건에서 최선으로 즐길 수 있는 것이 무엇인지 생각하고 그것을 실행에 옮기는 일이 중요합니다.

시인 새뮤얼 버틀러는 "세상에 존재하는 생물 중 오직 인간만이 생(life)의 궁극적인 목표가 즐기는 것임을 모르고 있다"고 했습니다.

저질러라 아니면 후회할 것이다

Twenty years from now you will be more disappointed by the things that you didn't do than by the ones you did do. So throw off the bowlines. Catch the trade winds in your sails. Explore. Dream. Discover.

이십 년 후 당신은 자기가 한 일보다는 하지 않은 일로 인해 더 크게 실망할 것이다. 그러니 배를 정박하기 위해 묶여있던 밧줄을 풀고 무역풍을 타고 항해하라. 탐험하라. 꿈을 꾸라. 발견하라.

마크 트웨인 Mark Twain

　　세상의 좋은 것과 귀한 것은 언제나 남보다 앞서 실행하는 사람들의 차지가 되어왔습니다. 기회는 쏜살같이 지나가는 것이기에 기회다 싶으면 얼른 뛰어들어 잡아내야 합니다. 좋은 것과 귀한 것을 쟁취하는 구조가 그렇습니다. 모든 여건이 갖추어졌을 때나 또는 좋은 기회가 왔을 때에야 그것을 잡아보겠다는 사람이 그것을 소유하기는 사실상 거의 불가능합니다.

내면적인 성장을 이루려면

You only grow when you are alone.

당신은 혼자 있을 때만 성장한다.

폴 뉴먼 Paul Newman

깊은 사색과 성찰 없이 내면적인 성장을 이루기는 쉽지 않습니다. 내면의 성장은 주로 혼자 있을 때 촉진됩니다. 누군가의 가르침을 받아 유사한 깨달음에 다가갈 순 있으나 온전히 자기의 것으로 만드는 일은 전적으로 자신의 몫입니다.

사랑의 성장도 그렇습니다. 사랑을 키우기 위해서는 지속적인 만남이 이어져야하지만 상대가 눈에 보이지 않는, 잠시 떨어져 있을 때 가장 치열하게 성장합니다.

진정한 힘은 사랑 안에 있다

Love many things, for therein lies the true strength, and whosoever loves much performs much, and can accomplish much, and what is done in love done well.

많은 것을 사랑하라, 왜냐하면 그 안에 진정한 힘이 있기 때문이다. 많이 사랑하는 사람은 많은 것을 수행하면서 많은 것을 이루고, 사랑 안에서 이루어지는 것은 잘되게 되어 있다.

빈센트 반 고흐 Vincent van Gogh

에디슨은 생전에 이름만 들어도 알 수 있는 당대 최고의 명망 있는 명사들이 참석한 가운데 '전구발명 50주년 기념회'까지 여는 등 자신의 노력에 대한 보상을 많이 받았습니다. 그러나 살아서는 자신의 능력을 전혀 인정받지 못했던 천재화가 고흐는 생전에 겨우 자신의 그림 한 점만을 팔 수 있었습니다. 그러나 사후, 그는 역사상 최고의 화가 중 한 사람으로 인류에 위대한 유산을 남깁니다. 그가 가난하고 고달픈 삶을 살면서도 아름다운 작품을 남긴 동인은 무엇이었을까요?

그의 예술혼의 바탕에는 사랑이 있었습니다. 그의 그림 속에는 평범한 사람들의 일상과 노동으로 고단한 이들, 푸른 꽃과 농촌 정경, 교회당이 있는 풍경 등 사람과 자연에 대한 사

랑이 담겨 있습니다. 이처럼 그의 가슴 속에는 세상을 사랑
으로 바라볼 수 있는 예술 혼이 있었기에 수많은 걸작이 나올
수 있었습니다.

실천이 최고의 가치다

A little knowledge that acts is worth infinitely more than much knowledge that is idle.

지식은 많지 않을지라도 행동하는 것이, 지식은 많지만 나태한 것보다 무한한 가치가 있다.

칼릴 지브란 Kahlil Gibran

배움은 실천을 통해 새로운 실제적인 깨달음을 얻게 되며 결국엔 폭발적인 지식의 팽창으로 이어집니다. 이론과 실기를 겸비한 실력자가 진정한 고수이며 실천적 지성이 존경받는 이유입니다.

실천적 지성 가운데 가장 훌륭한 것은 기부입니다. 요즘은 경제적인 원조 이외에도 재능을 기부하는 문화가 확산되고 있습니다. 세상을 이보다 더 아름다운 물감으로 채색하는 방법은 없을 것입니다.

칼릴 지브란은 그의 역작 《예언자》에서 '요청받았을 때 주는 것도 좋지만 미리 헤아려 요청받기 전에 주는 것이 더 나은 일이다'고 했습니다.

인기보다 옳은 길을 가라

The right way is not always the popular and easy way. Standing for right when it is unpopular is a true test of moral character.

올바른 길이 항상 인기 있고 쉬운 길은 아니다. 인기가 없어도 옳은 것을 지향할 때 진정으로 도덕적인 성격이 시험될 수 있다.

마가렛 체이스 스미스 Margaret Chase Smith

대중의 인기에 연연하면 일시적으로 편한 길을 갈 수 있지만 결국 올바른 길을 택한 사람이 사람들의 가슴속에 오랫동안 남게 됩니다.

링컨 대통령은 생전엔 국민들로부터 크게 인정받거나 인기를 누리지 못했습니다. 그러나 그가 저격된 날, 그의 호주머니 속에선 그의 정책을 공개적으로 지지하는 사람이 쓴 기사가 담긴 신문조각이 발견되었습니다. 그것으로 미루어 보아 그 역시 자신의 정책이 국민들로부터 인정과 칭찬받기를 갈망하고 있었음이 밝혀졌습니다.

사람들은 인기에 연연하지 않고 자신이 옳다고 생각한 정책을 소신껏 펼친 그를 잊지 않고 있습니다. 링컨은 미국 국민들의 가슴속에 영원히 살아 숨 쉬고 있습니다.

죽은 개는 아무도 차지 않는다

Everybody loves you when you're six foot in the ground.

당신이 죽은 뒤에는 누구나 당신을 사랑한다.

존 레논 John Lennon

영국의 한 왕자는 군대에서 훈련을 받을 때 동료들이 엉덩이를 한 번씩 차는 바람에 괴로움을 호소한 적이 있는데, 한 상관으로부터 '죽은 개는 아무도 차지 않는다.'라는 조언을 듣고 마음이 편해졌다고 어느 인터뷰에서 밝힌 일이 있습니다.

죽은 사람을 인생이 간섭하는 일은 없습니다. 찰 만한 가치가 있기 때문에 건드리는 것입니다. 인생이 우리를 편안하게 내버려두지 않는 것 또한 같은 이유입니다. 세상이 나를 괴롭힌다는 것은 내가 아직 살아 있고 아직은 나의 영향력이 건재하다는 뜻입니다.

눈은 사랑을 전하는 작은 창

Sometimes your nearness takes my breath away; and all the things I want to say can find no voice; Then, in silence, I can only hope my eyes will speak my heart.

당신이 가까이 다가오면 숨이 가빠집니다; 그리고 하고 싶었던 모든 말이 소리를 잃습니다; 그런 다음, 침묵 속에서 내 눈이 그대에게 나의 마음을 대신 말해주기만을 바랄 뿐입니다.

로버트 섹스턴 Robert Sexton

세상에 수많은 신호가 있지만 호출부호(call sign)가 일치하지 않으면 원활하게 교신할 수 없습니다. 사랑하는 연인들이 느낄 수 있는 최고의 기쁨이라면 두 사람만이 통하는 언어와 신호(sign)가 있다는 것입니다. 사랑하는 두 사람만이 통하는 눈빛이나 행동이야말로 그들의 사랑을 웅변하는 최고의 징표입니다. 사랑하는 연인들이 그윽한 눈빛으로 서로를 응시하는 이유가 여기에 있습니다. 하지만 이런 단계를 지나면 사랑도 습관이 되고 일상적인 평범한 일이 될 뿐입니다. 사랑하는 사람을 위해 끊임없이 그에게 전할 무언의 호출부호(call sign)를 계발하십시오.

미루면 불가능해진다

If you put off doing an easy job, it only makes it harder. If you put off doing a hard job, it makes it impossible.

쉬운 일을 미루면 일이 더 어려워질 뿐이다. 어려운 일을 미루면 그 일을 불가능하게 만든다.

    불행의 가장 큰 원인은 미루는 것입니다. 하기 싫고 힘든 일이지만, 꼭 해야만 하는 일이라면 빨리 달려들어 처리해야 합니다. 시간이 지날수록 일은 더 어려워지고 결국에는 아예 시작할 엄두조차 낼 수 없게 됩니다. 완벽한 때가 올 때까지 기다리면, 타이밍을 놓치게 되거나 여전히 기회가 남아있을 지라도 열정이 식어 추진력을 잃습니다.

두려움을 정복하는 방법은
두려운 일을 하는 것이다

He who is not every day conquering some fear has not learned the secret of life.

매일 어떤 두려움을 정복하지 않는 사람은 인생의 비밀을 배우지 못한 것이다.

랠프 월도 에머슨 Ralph Waldo Emerson

누구나 하고 싶지 않은 일, 미뤄두고 싶은 일 등 이따금 엄습하는 크고 작은 두려운 일이 있습니다. 그러한 두려움의 원인을 제거하기 위해서는 그 일을 하는 것입니다. 그 일을 해냄으로써 두려움은 사라지고 오히려 자신감이 붙습니다. 어떤 문제가 생기거나 처리할 일이 있으면 방치하지 말고 실행에 옮기십시오. 막상 시작하면 생각보다 어렵지 않은 경우를 흔히 봅니다.

사소함의 위대함

Great things are not done by impulse, but by a series of small things brought together.

위대한 일은 충동에 의해 이루어지는 것이 아니라 일련의 사소한 일들이 합쳐진 결과이다.

조지 엘리엇 George Eliot

인류 최초의 우주비행사로 우주 탐험 역사에 기록된 소비에트 연방(소련, 지금의 러시아)의 유리 가가린이 여러 명의 경쟁자 중에서 우주비행사로 낙점된 이유 중 하나는 그의 아주 사소한 행동에서 비롯되었습니다. 많은 후보들 중에서 오직 그만이 신발을 벗고 우주선에 올랐던 것입니다. 그 모습을 지켜본 우주비행사 선발 책임자는 최종결정에서 그를 선택했습니다. 이처럼 모든 일의 출발이 사소한 일이 모여 큰일이 됩니다.

긍정적으로 하루하루 주어진 일에 충실하다 보면 머지않아 자신이 목표로 한 성취를 이루게 될 것입니다. 왜냐하면 겸허하고 낙관적인 자세로 꾸준하게 임해야 우리 몸에서 긍정의 에너지를 잘 받아들이게 때문입니다.

파티에선 사회적 지위를
문밖에 던져두라

A good rule is not to talk about money with people who have much more or much less than you.

한 가지 현명한 규칙은 당신보다 돈이 아주 많거나 아주 적은 사람과는 돈에 대해 얘기하지 않는 것이다.

캐서린 화이트혼 Katharine Whitehorn

대화를 하는 상대방이 돈이 많든 적든, 서로의 경제수준이 비슷하지 않으면 본의 아니게 상처를 받거나 줄 수 있습니다. 때문에 돈 이야기는 애초부터 꺼내지 않는 게 상책입니다. 우리나라처럼 학력이나 사회적 지위를 중시하는 사회 분위기에서는 이 또한 상대방의 자존감에 타격을 줄 수 있으니 이런 사항에 대해 언급하거나 표시를 내는 것도 조심해야 됩니다.

어느 대기업의 한 여성 임원이 기자의 질문에 다음과 같이 답했습니다.

"나는 고등학교 동창회에 가면 모든 사회적 지위를 행사장 문 밖에 던져두고 학창시절로 돌아가 파티를 즐긴다."

그리움이 그대의 창가를 두드릴 때

Love doesn't make the world go around; love is what makes the ride worthwhile.

사랑이 세상을 돌아가게 하지는 않지만 (지구에) 탑승한 것을 가치 있게 만든다.

프랭클린 존스 Franklin P. Jones

사랑은 연령대에 관계없이 소중한 삶의 요소이지만 안타깝게도 현실은 사랑만으론 해결할 수 없는 것이 많이 있습니다. 그렇지만 필자는 사랑이 가장 필요한 청춘기에 진로 문제로 인해 사랑이 뒷전으로 밀리는 것을 보면 마음이 아픕니다. 사랑이 아름다운 이유는 이 세상에 잠시 나타났다 유성처럼 사라지는 우리의 존재를 의미 있고 소중하게 만들어 주기 때문입니다.

그대가 사랑은 아름다운 것이라고 믿는다면, 사랑이 그대를 어디로 데려가는지 굳이 묻지 않아도 됩니다. 그리움이 살며시 그대의 창가를 두드릴 땐 짐짓 못 이기는 척 사랑의 부름에 빠져보세요.

우선순위의 중요성

Effective leadership is putting first things first. Effective management is discipline, carrying it out.

리더십이란 효과적인 우선순위를 정하는 것이다. 효과적인 경영이란 규칙을 정하고 그것을 실행해 나가는 것이다.

스티븐 코비 Stephen Covey

사람은 누구나 성공하기를 열망하고 성공하기 위해 노력하지만 그럼에도 성공하는 사람이 있는가 하면, 실패하는 사람이 있습니다. 성패를 가르는 가장 큰 이유는 우선순위의 설정을 어디에 두었느냐에 있습니다. 기업에서도 CEO의 관심이 어디에 있느냐에 따라 그 기업의 수준이나 위상이 결정됩니다.

영화배우 그레고리 펙은 아카데미 남우주연상을 받는 등 미국 영화계에 큰 자신의 발자취를 남깁니다. 그의 아내는 프랑스 출신 신문기자로 그레고리 펙과의 데이트를 위해 장 폴 사르트르가 주선한 앨버트 슈바이처 박사와의 인터뷰를 취소합니다. 기자로서 특종의 기회를 포기한 것입니다. 사랑에 중점을 두면 사랑하는 사람을 얻습니다.

지성인은 묻는 것을 부끄러워하지 않는다

An intelligent person is never afraid or ashamed to find errors in his understanding of things.

지성인은 자신이 잘못 이해한 것에 대해 결코 두려워하거나 부끄러워하지 않는다.

브라이언트 맥길 Bryant H. McGill

천부적인 재능은 매우 드물게 볼 수 있지만 애초에 지성인으로 태어나기는 불가능합니다. '천부적인 지성'은 이전에도 없었고 앞으로도 없을 것입니다. 지성인은 우선 사람으로 태어난 후에, 거듭나는 존재이기 때문입니다.

지성인의 보편적인 특징은 자신의 오류 가능성을 늘 염두에 두고 개방적인 자세를 견지합니다. 이렇듯 항상 열린 자세이다 보니, 자신이 무엇인가를 잘못 이해하는 것을 두려워하지 않으며, 언제나 자신이 모르고 있는 것을 묻는 것에 주저하지 않습니다. 때문에 새로운 것을 알게 되고 결국은 지식의 영역이 무한히 팽창하는 선순환이 일어납니다. 남보다 지식을 더 크게 넓힐 수 있는 기회가 많으므로 결국에는 사람들로부터 지성인으로서 존경을 받습니다.

잃어버려야 깨닫게 되는 가치

It is an illusion that youth is happy, an illusion of those who have lost it.

젊은 시절이 행복하다는 것은, 그것을 잃어버린 사람들의 환상이다.

서머셋 몸 W. Somerset Maugham

누구나 청춘시절의 고뇌, 질풍노도와도 같았던 열정과 분노를 기억할 것입니다. 그런 인생의 단계를 모르고 사람들은 그 시기가 지나고 나서야 그때가 행복했다고 회상합니다.

필자가 만난 사람 중엔 경제적인 여건이 갖추어지고 나면 인생을 맘껏 즐기겠다는 말을 하는 사람이 있습니다. 하지만 그 앞에서는 말하지 못했지만 필자의 생각으로는 그것은 현명한 발상이 아니라는 생각을 했습니다.

인생은 종종 사람들이 가장 원하는 것은 당장 실현시키지 않고 좌절케 함으로써 깨달음을 주곤 합니다. 그대가 아직 청년기에 있다면, 그런 특질을 이해하고 지금의 시기를 충분히 즐기며 활용하는 지혜가 필요합니다.

정말 하고 싶은 일을 하라

We all find time to do what we really want to do.

우리는 우리가 정말 하고 싶은 일에 대해서는 어떻게든 시간을 낸다.

윌리엄 페더 William Feather

'그 일을 할 시간이 없다'는 말은 실제로 시간이 없다는 뜻이 아니라 자신이 목표하는 일에 있어서 그 일이 우선순위(top priority)에 들지 않는다는 말과 같습니다.

엄청난 행운이 따르지 않는 한, 성공이란 자신의 일을 끈기 있게 노력한 결과일 경우가 많습니다. 즉 성공은 강한 의지와 인내를 필요로 합니다. 하지만 자신이 정말 좋아하는 일을 하는 것은 다릅니다. 자신이 좋아하는 일은 괴로움을 참아가며 채찍질할 필요 없이, 스스로의 추진력만으로도 목표에 도달할 수 있게 하기 때문입니다. 자신이 진정 좋아하는 것을 발견하는 것이 성공의 최우선 관건입니다.

일상에서 발견하는 삶의 기쁨

Joy does not simply happen to us. We have to choose joy and keep choosing it every day.

기쁨이란 그저 우리에게 일어나는 것이 아니다. 우리는 기쁨을 선택해야 하고 매일 계속해서 선택해야 한다.

헨리 나우웬 Henri Nouwen

좋아하는 사람에게선 좋은 점만이 보이듯이 인생을 사랑하면 세상은 환희로 가득합니다. 하지만 아무리 사소한 기쁨이라도 당연하게 주어지는 것은 없습니다. 일단 자신의 일상에서 기쁨과 아름다움을 발견하려는 자세를 가지면, 행복은 아주 가까운 곳에서 쉽게 발견할 수 있습니다. 아침에 잠자리에서 일어나 자신이 일할 일터가 있어 출근하는 것, 좋은 사람들과 맛있는 음식을 먹으며 환담을 나누는 것 등 기쁨과 감사의 조건은 찾으려면 너무 많습니다. 이렇듯 행복은 생각보다 가까이에 있습니다.

인생에서 누릴 수 있는 최대의 호사

A friend is somebody you can be quiet with.

친구란 조용히 함께 있을 수 있는 사람이다.

잠시 동안의 침묵도 불편하다면 그들은 아직 친밀한 사이가 아니라는 뜻입니다. 친구란 서로에 대해 이미 많은 것을 알면서도 여전히 좋아하는 관계이기에 특별히 가식이 필요 없고, 때로 영혼이나 눈빛만으로도 교감이 가능한 존재이기에 대화가 불필요할 때도 있습니다. 말하지 않아도 자신의 마음을 이해한다는 것은, 인간만이 누릴 수 있는 최대의 호사가 아닐 수 없습니다. 자신의 의견이나 사고방식이 다른 사람에게 지속적으로 수용되었을 때의 기쁨은 정말 큽니다. 동성이라면 우정이, 이성간이라면 사랑이 발아(發芽)하는 최적의 조건입니다.

분노를 다스려야 인생이 풀린다

People who are quick to take offense will never run short of supply.

쉽게 화를 내는 사람은 화낼 일이 모자라는 일은 결코 없을 것이다.

세상은 기본적으로 이해의 대립이 늘 존재하는 곳입니다. 때문에 상황에 따라서는 화를 내야 할 때도 있습니다. 그렇지만 화를 자주 내면 결코 인생이 잘 풀리지 않을 것입니다. 왜냐하면 화는 상대에 대한 불만을 표출하는 것일 때가 많지만 결국은 자신의 마음에 평화가 없고 세상과의 조화가 잘 이루어지지 않는다는 반증이기 때문입니다.

아이들이 타협을 모르고 자기고집을 꺾지 않는 것은 자기가 세상의 중심이라고 착각하기 때문입니다. 어른이 된다는 것은, 세상이 자신의 뜻대로만 움직이지 않으며 자신이 세상의 중심이 아닐 수도 있다는 것을 깨닫는 것입니다.

바다를 향해 첫걸음을 떼는
저 펭귄들처럼

Faith is taking the first step even when you don't see the whole staircase.

믿음이란 계단 전체를 볼 수 없을 때에도 첫걸음을 떼게 하는 것이다.

마틴 루터 킹 Martin Luther King, Jr.

높은 산을 오를 때, 산이 끝없이 높게만 느껴지지만 확실한 사실은 한 걸음을 내디디면 그만큼 정상이 가까워졌다는 뜻입니다. 자신이 하는 일의 과정 중에 어려움이 예상될지라도 목표로 하는 것에 도달했을 때의 성취감과 쾌감을 생각하면서 첫걸음을 떼어놓으십시오.

새끼에게 줄 먹이를 구하기 위해 목숨을 걸고 바다에 뛰어드는 펭귄들도 살아서 귀환할 수 있다는 믿음이 있기에 바다를 향해 첫걸음을 떼는 것입니다.

치유의 힘을 가진 사랑

One word frees us of all the weight and pain of life: that word is love.

한 단어가 우리 인생의 모든 무게와 고통으로부터 우리를 자유롭게 한다: 그 단어는 사랑이다.

소포클레스 Sophocles

'모든 자살의 원천적인 이유는 타살'이라는 말이 있습니다. 사랑하는 사람이 있고, 식욕이 있으며, 잠이 달콤한 사람 중 극단적인 생각을 하는 사람은 없다고 합니다. 사기 주위의 사람들이 '짧고 어두운 출구'를 선택하지 않도록 관심을 가져야겠습니다.

우리나라는 OECD 국가 중 안타깝게도 자살률 1위를 계속 유지하고 있습니다. 우리나라 사람들이 극단적인 선택을 하는 이유 중 하나가 공정하지 않은 사회적 환경 때문일 것입니다. 하지만 그래도 우리는 창조자의 뜻한바 목적을 가지고 사랑으로 만들어진 존재임을 명심해야 합니다.

안락한 곳에는 먹을 것이 없다

Don't stay in bed, unless you can make money in bed.

침대 속에서 돈을 벌 수 있지 않는 한, 침대 속에 머물러 있지 마라.

조지 번스 George Burns

안온하고 따뜻한 침대에서 잠의 유혹을 떨쳐내기란 쉽지 않은 일입니다. 하지만 일상의 행복을 유지하기 위해서는 안락한 잠자리의 유혹을 떨치고 일어나 활발히 활동해야 합니다. 대체로 사람들은 잠자리에서 일어나기 힘들어 하지만 그곳을 박차고 일어나 갈 곳이 있다는 것 자체가 큰 행복입니다.

침대 속에서 할 수 있는 것은 공상밖에 없습니다. 공상은 아무런 실체도 만들어내지 못합니다. 안락한 곳에는 먹을 것이 없습니다.

January

2월 / 행동보다 더 강력한 설득은 없다

February

편리함만 추구하다가는

People seldom do what they believe in. They do what is convenient, then repent.

사람들은 자신이 믿는 것을 거의 하지 않는다. 편리한 것을 하고는 후회한다.

밥 딜런 Bob Dylan

알면서도 실천하기 어려운 점에 대해서 마크 트웨인은 다음과 같은 명언을 남겼습니다.

"성경을 읽으면서 나를 내내 괴롭힌 것은 이해할 수 없는 구절보다 오히려 이해한 부분이었다."

무엇이 옳고 그른지는 누구나 어른이 되기 전에 이미 다 깨닫습니다. 문제는 아는 것을 실천하지 않고 편리함만을 추구하는데 있습니다. 그리고는 필연적으로 머지않아 곤란한 상황에 직면하게 되고 그때서야 후회를 합니다.

건강, 인간관계, 돈 문제 모두 당장의 편리함만을 우선 추구함으로써 닥치게 되는 곤란한 문제들입니다.

행동보다 더 강력한 설득은 없다

Action is eloquence.

행동이 웅변이다.

윌리엄 셰익스피어 William Shakespeare

행동보다 더 강력한 설득방법은 없습니다. 우리는 누군가의 현란한 말솜씨와 수사법에 일시적으로 현혹되기도 하지만 말이 빛을 발하고 효력을 나타내기 위해서는 행동이 뒤따라야 합니다.

행동이 없는 말은 대기를 울리는 공허한 진동으로 일시적입니다. 자신의 말에 행동으로 실천하는 것보다 강한 설득력을 가지는 힘은 없고 신뢰를 주는 일 또한 없습니다.

사랑과 존경으로 걷는 길

Pursue some path, however narrow and crooked, in which you can walk with love and reverence.

좁고 꼬불꼬불하더라도 사랑과 존경으로 걸을 수 있는 길을 추구하라.

헨리 데이비드 소로 Henry David Thoreau

올바른 가치관이 정립되어 있어야 올바른 판단과 결정을 내릴 수 있습니다. 가치관은 부모, 스승, 친구 등 자신의 주변에 있는 사람들로부터 가장 큰 영향을 받기 때문에 스스로 좋은 환경을 만들기 위한 노력 또한 필요합니다.

사회 생활인으로서 보편적인 사회인의 모습을 간과할 수는 없으나, 장기적인 관점이라면 사랑과 존경의 길을 택하고 올바른 가치관을 확립하는 것이 영원히 사는 길입니다.

사람들이 선망하고 사회적인 위상이 높은 일이나 직업이 꼭 올바른 가치관과 일치하는 것은 아닙니다. 좁고 꼬불꼬불하더라도 사랑과 존경으로 걸을 수 있는 길은 많은 사람들이 택하는 길은 아니지만 일단 선택하면 기쁨으로 걸을 수 있는 길입니다.

실패가 없으면 성장도 없다

Don't be afraid to fail. Don't waste energy trying to cover up failure. Learn from your failures and go on to the next challenge. It's OK to fail. If you're not failing, you're not growing.

실패를 두려워하지 마라. 실패를 감추려고 정력을 낭비하지 마라. 실패에서 교훈을 얻은 후에 다시 도전하고 진군하라. 실패해도 좋다. 실패하지 않으면 당신은 성장하지 않는 것이다.

앤 설리번 Anne Sullivan

누구라도 새로운 도전은 언제나 두렵습니다. 그러나 한두 번 도전에 실패했다고 해서 포기하는 사람들은 기억하십시오. 대통령이 되기 전까지 크고 작은 열한 번의 선거에 낙선한 링컨을, 비행기를 띄우기까지 805번의 도전을 한 라이트 형제를, 전구를 발명하기까지 1만여 번이나 시도와 실패를 반복했던 에디슨을.

끝을 모르는 실패에도 다시 그 일을 시작했던 그들의 분투를 마음에 새기십시오. 뭔가를 이루려면 실패할 용기도 필요하다는 것을.

낙관의 에너지로 넘치게 하라

Optimism is the faith that leads to achievement. Nothing can be done without hope and confidence.

낙관주의는 성취로 이끄는 믿음이다. 희망과 신념 없이 이루어지는 것은 없다.

헬렌 켈러 Helen Keller

　낙관주의는 별다른 노력 없이 어떻게 되겠지 하는 막연한 기대와는 다릅니다. 열심히 돌파구를 모색하고 분투하면 반드시 이루어질 것이라는 희망과 신념의 토대 위에 생겨난 긍정의 힘입니다.

　자기가 생각하는 세상이 낙관의 에너지로 충만하여 넘칠 때 몸 안에 잠자던 세포도 이에 동조하여 새로운 에너지를 뿜어냅니다. 세포 하나는 몸 전체에 비하면 극히 작은 단위에 불과하지만 세세한 작은 힘이 연합하면 얼마나 위대한 일을 일구어내는지 경험하는 당신이 되길 바랍니다.

가장 소중한 것은 가까운 곳에서 찾아라

The best things in life are nearest: Breath in your nostrils, light in your eyes, flowers at your feet, duties at your hand, the path of right just before you. Then do not grasp at the stars, but do life's plain, common work as it comes, certain that daily duties and daily bread are the sweetest things in life.

인생의 좋은 것은 가장 가까운 곳에 있다: 코로 숨쉬는 것, 눈에 들어오는 빛, 당신의 발끝에 차이는 꽃잎들, 당신에게 닥친 일, 당신 바로 앞에 놓인 길. 따라서 별을 잡으려 하지 말고 생활 속에서 평범하고 일상적인 일이 다가올 때마다 그 일을 하면 매일매일 해야 할 일과 그날의 양식(糧食)이 인생에서 분명 가장 감미로운 것이다.

로버트 루이스 스티븐슨 Robert Louis Stevenson

늘 함께 한다는 것은 가장 중요하고도 필요한 존재라는 뜻입니다. 그런데도 우리는 주위의 사소한 소중함을 잊고 삽니다. 귀중한 것을 절실하게 깨닫기 위해서는 막상 그것을 잃어 보면 깨달을 수 있습니다. 하지만 어떤 것은 한 번 잃으면 다시 되돌릴 수 없으니 미루어 짐작할 수 있는 스스로의 혜안이 필요합니다. 자신의 곁에 늘 있는 사람, 아끼는 물건이 없을 때 어떤 일이 벌어질까를 생각해 보면 그들이, 그것들이 자신의 인생에서 얼마나 소중한지 절감하게 될 것입니다.

시작이 전부다

To change one's life: 1. Start immediately. 2. Do it flamboyantly. 3. No exceptions.

인생을 바꾸려면: 1. 즉시 시작하라. 2. 거창하게 하라. 3. 예외가 있으면 안된다.

윌리엄 제임스 William James

철학자 플라톤은 "시작이야말로 일에서 가장 중요한 부분이다."고 했습니다. 일단 시작하지 않으면 아무것도 이룰 수 없습니다. 막막해 보이던 일도 시작하면 길이 보입니다. 위대한 건축물이 첫 삽에서 시작되고 평생 지속되는 관계도 첫 만남에서 비롯되듯이 시작을 해야 인생이 풀립니다.

불완전한 시작이라도 문제점을 보완하며 추진하면 본래 기대했던 것보다도 좋은 결과를 낳을 때가 많습니다. 시작할 때의 심정이 막막할수록 성공했을 때의 기쁨은 큽니다.

제때 변하는 것이 가장 경제적이다

Faced with the choice between changing one's mind and proving that there is no need to do so, almost everyone gets busy on the proof.

생각을 바꾸는 것과 바꿀 필요가 없는 것을 증명해야 할 때, 대부분의 사람들은 바꾸지 않아도 되는 걸 입증하는데 힘을 쏟는다.

　사람들은 정말 놀라울 정도로 변화를 싫어합니다. 그래서 결국엔 변화하지 않으면 안 되는 상황에 처하게 되는데 그때는 이미 자신이 설 곳이 없어지거나 시대의 흐름에 맞춰 변화했다면 비용과 노력이 적게 들었어도 됨을 깨닫고 후회를 합니다. 그럼에도 사람들이 변화하지 않아도 된다는 걸 입증하는 데 정력을 쏟는 이유는, 지금의 상황을 유지하는 것이 변화하는 것보다는 당장 위험부담이 없고 힘도 덜 들 것이라고 생각하기 때문입니다.

　'소탐대실(小貪大失)'이라는 말이 있습니다. 조금 편하게 지내려다 엄청난 대가를 치르게 됨을 경고한 사자성어입니다. 변화를 해야 할 상황이라면, 같은 일을 반복하는 것보다 과감하게 변화하는 편이 비용과 힘이 훨씬 적게 듭니다.

인생이 바뀌려면 우선순위를 바꾸어라

Everything you now do is something you have chosen to do. Some people don't want to believe that. But if you're over age twenty-one, your life is what you're making of it. To change your life, you need to change your priorities.

현재 당신이 하고 있는 일은 모두 당신이 선택한 것이다. 그럼에도 어떤 이들은 그것을 믿고 싶어 하지 않는다. 하지만 당신이 스물한 살이 넘었다면, 당신의 인생은 당신이 만드는 것이다. 인생을 바꾸려면, 스스로 당신의 우선순위를 바꿀 필요가 있다.

존 맥스웰 John C. Maxwell

우선순위를 어디에 두느냐에 따라 인생이 바뀝니다. 성공하기 위해서는 시간과 자원을 성공과 관련된 곳에 투자하여야 하며 남다른 노력이 필요합니다.

보편적인 성공은 우선순위만 지켜도 성취할 수 있습니다. 그러나 세상이 놀랄만한 큰 성공은 열망, 야심, 기회, 집중이 어우러져야 쟁취할 수 있는 것이며, 이런 성공요소를 모두 가진 사람은 매우 드뭅니다. 그러나 작은 성공이든, 큰 성공이든 남들과 같이 마음껏 쾌락을 즐기면서 성공한 사람을 필자는 아직 본 적이 없습니다.

시간 내에 끝내라

"We didn't lose the game; we just ran out of time."

우리는 경기에 진 게 아니다; 시간이 부족했을 뿐이다.

빈스 롬바르디 Vince Lombardi

세상의 거의 모든 일에는 시한이 정해져 있습니다. 이기기 위해서는 관련된 일에 시간을 우선 배정해야 하고, 주어진 시간 내에 일을 처리해야 이길 수 있습니다. 중요한 일을 우선순위에 두지 않고 다른 일로 허비하면 시간이 부족해질 수밖에 없습니다.

대화와 협상으로부터
문명이 시작되었다

Civilization began the first time an angry person cast a word instead of a rock.

화난 사람이 돌 대신 최초로 말(言)을 던질 때부터 인류의 문명은 시작되었다.

지그문트 프로이트 Sigmund Freud

그 옛날, 돌을 들고서 상대방을 위협하는 대신 말(言)로 협상을 시도한 일은, 폭력이 지배하는 시대에서 이성의 시대로 진입하는 상징적인 사건입니다.

지구상에는 용기, 힘, 속도 등에서 인간을 능가하는 동물이 적지 않음에도 불구하고 인간이 일반 동물에서 '범상치 않은 동물'로 비상(飛上)한 전환점이 된 것이 바로 대화와 협상을 시도한 일입니다. 일부 고등동물도 초기 단계의 의사소통이 가능하지만 인간과 같은 고차원적인 소통은 불가능합니다. 말은 온갖 문제의 근원이 되기도 하지만 잘 활용하면 교감(rapport)의 기쁨을 만끽할 수 있습니다.

세상이 당신에게
무관심하다고 느낀다면

If you think nobody cares if you're alive, try missing a couple of car payments.

아무도 당신이 살아 있는 것에 대해 신경 쓰지 않는다고 생각되면, 자동차 할부금을 몇 번 내지 말아보라.

얼 윌슨 Earl Wilson

세상을 살아가다보면 일이 잘 안 풀리고 인간관계가 꼬이는 등 좋지 않은 일이 생길 때가 있습니다. 그럴 때면 자신이 세상에서 버려진 존재라는 느낌이 들기도 합니다. 그러나 나와 정신적인 유대를 함께하는 가족은 물론 나를 고객으로 둔 많은 사람들이 나에게 의존하고 있다는 것을 깨달아야 합니다. 나에게 의존하는 사람들이 있다는 것은 내가 이 세상에 존재할 가치가 있다는 것을 의미합니다. 그 누구라도 세상에 필요하지 않은 사람은 없습니다. 나 또한 내가 살아 있음으로 인해 이 세상을 좀 더 좋은 곳으로 변하게 할 수 있습니다.

재능을 살리지 못하는 건
인생 최대의 실수

He who buries his talent is making a grave mistake.

자신의 재능을 매장하는 사람은 중대한 실수를 저지르는 것이다.

위 명언의 뜻은 '매장하다(bury)'와 '중대한(grave)'이라는 두 가지 의미를 이용한 언어의 유희(pun)입니다.

개인의 재능이 발휘되면 인류사회에 유형, 무형의 자산이 늘어나는 것입니다. 따라서 개인의 재능을 살리지 못하고 사장시키는 것은 공동체 사회에 죄를 짓는 일이 아닐 수 없습니다. 누군가 자신의 끼(talent)를 발굴해 주는 것도 좋은 일이지만 우선 자신이 누구보다 잘할 수 있는 분야가 무엇인지 되돌아보고 도전하는 자세가 필요합니다.

하고 싶은 일을 하라

Only do what your heart tells you.

당신의 마음이 시키는 대로만 하라.

다이애나 황태자비 Princess Diana

주위의 평판이나 여론의 압력에 굴복해 자신의 뜻을 꺾고 인생을 사는 사람이 있습니다. 그런 인생을 사는 사람이 외형적으로는 성공한 사람으로 보일 수도 있겠지만 결코 진정으로 만족한 삶은 될 수 없을 것입니다.

여론의 비난을 한 몸에 받으며 남편과 이혼하고 이탈리아의 영화감독 로베르토 로셀리니와 파격적인 사랑의 결실을 맺었던 당대 최고의 여배우 잉그리드 버그만은 이런 말을 남겼습니다.

"나는 내가 한 일에 대해서는 조금도 후회하지 않는다. 그렇지만 내가 하지 않은 일에 대해서는 후회한다."

기대게임의 법칙

In the midst of great joy do not promise anyone anything. In the midst of great anger do not answer anyone's letter.

환희의 순간에는 누구에게라도 어떤 약속도 하지 마라. 분노가 극에 달했을 때는 누구에게라도 답장을 쓰지 마라.

중국 속담

　약속을 할 때는 신중하게 하되, 자신이 한 약속을 신속하게 실행하면, 상대에게 같은 시간을 들이고도 몇 배의 만족감을 주는 효과를 보게 됩니다. 이러한 사람의 심리를 '기대게임(expectation game)의 법칙'이라고 합니다.

　기쁠 때는 들뜬 기분에 약속을 남발하기 쉽습니다. 하지만 책임지지도 못할 뒷감당을 하느라 시간적, 정신적, 물적 고통이 따릅니다. 물론 자신이 한 약속을 지키지 않을 수도 있지만 신뢰(credibility)를 잃게 되는 것은 정말 큰 손실입니다. 또한 마음이 흥분해 있을 때는 타인에게 상처를 줄 수 있는 극단적인 표현이나 행동을 하기 쉽습니다. 그래서 나중에 후회하게 됩니다.

변할 수 있을 때 변화하라

Change is not merely necessary to life - it is life.

변화란 단순히 인생에 필요한 것이 아니다 - 그것이 인생이다.

앨빈 토플러 Alvin Toffler

시대흐름에 따른 변화는 선택사항이 아니고 필수입니다. 모든 것은 시대의 흐름에 따라 항상 변할 수 있다는 것을 깊이 인지하고 대비해야 변화를 자연스런 현상으로 받아들이게 됩니다. 변화하지 않을 수 없을 때 변화하면 늦습니다. 하지만 변화는 습관이 된 자신의 일부를 남겨두고 떠나야 하는 것이기에 변화로 인한 상실감에 인간은 우울해질 수 있다고 합니다. 그래도 변화는 불가피한 것이며 빨리 수용할수록 이익이 됩니다.

잘만 다루면 인생은 멋진 것

We all want to live a long time, but no one wants to get old.

우리 모두는 오래 살고 싶어 하지만 늙는 것은 싫어한다.

늙는 것뿐만 아니라 늙어 보이는 것을 본능적으로 싫어하는 것이 사람의 마음입니다. 그래서 사람들은 자신의 외모를 돋보이게 하는 화장과 성형에 시간과 비용을 아끼지 않습니다. 하지만 실질적으로 젊음을 유지하기 위해서는 꾸준한 운동과 적절한 수면, 내면의 평온을 유지하면서 새로운 것을 수용하는 열린 마음을 가지는 것이 좋습니다. 무조건 오래 살기를 원하기 전에 뚜렷한 이유와 목적도 가지고 있어야 합니다.

〈사랑의 기술〉의 저자이며, 심리학자인 에리히 프롬은 다음과 같이 말했습니다.

"현대인은 서두르지 않으면 손해 본다는 생각을 하며 시간을 절약하지만 그 남는 시간을 무익하게 보내거나 무엇을 해야 할지 모른다."

내 것이 아니면 눈을 감자

Living is easy with eyes closed.

눈을 감기만 하면 사는 게 쉬워진다.

존 레논 John Lennon

보면 알게 되고, 알면 소유하고 싶은 게 인간의 속성입니다. 하지만 눈에 보이는 세상의 좋은 것을 소유하고 싶은 인간의 욕망을 충족시키기란 불가능합니다. 때문에 욕망을 절제하지 않으면 마음의 고통이 따릅니다.

인간의 소유욕은 90% 이상 시각을 통해 얻어진다고 합니다. 그렇다면 애초에 불가능한 인간의 소유욕을 차단할 수 있다면, 세상을 살아가는 것이 훨씬 평안할 것입니다. 하지만 눈을 감고 세상을 살 수는 없으니 마음의 절제가 필요한 것입니다.

의사소통의 착시현상

The single biggest problem in communication is the illusion that it has taken place.

의사소통에서 가장 큰 한 가지 문제는 자신의 의사가 상대에게 전달되었다고 착각하는 것이다.

조지 버나드 쇼 George Bernard Shaw

어린아이들은 반복의 효과를 체득한 것 같습니다. 어린아이들은 자기가 원하는 것을 기어코 얻어내고야 맙니다. 성인의 입장에서 어린아이와 똑같이 행동할 수는 없겠지만 어른들도 자신이 원하는 것을 얻으려면 반복의 기법을 과도하지 않은 범위 내에서 사용할 필요가 있습니다.

자신의 의사를 상대방에게 한 번 표했다고 해서 자신의 의사가 상대에게 완전히 전달된 것으로 생각하면 오산입니다. 중요한 일일수록 요점을 적절히 반복해 각인시킬 필요가 있으며, 가장 중요한 것이 자신의 의사에 대한 상대방의 의견을 경청하는 것입니다. 사람들은 자신의 의견을 말하기에 바빠서 상대방의 말을 잘 듣지 않는 경향이 있습니다.

끝까지 경청하라

When people talk, listen completely. Most people never listen.

사람들이 말하면 끝까지 경청하라. 대개의 사람들은 잘 경청하지 않는다.

어니스트 헤밍웨이 Ernest Hemingway

문학의 거장 헤밍웨이는 오랜 관찰과 경험을 통해 사람은 본래 남의 말에 귀를 잘 기울이지 않는다는 특성을 파악한 것 같습니다. 심지어 사람들은 표정으론 경청하는 척 하면서도 머릿속으로는 자신이 할 말을 생각하는 경우가 많습니다. 타인의 말에 귀를 기울이는 겸허한 자세는 자신의 목표를 수월하게 쟁취할 수 있게 합니다.

장편소설 《대지》를 집필하여 노벨문학상을 수상한 미국의 소설가 펄벅은 선교사인 아버지를 따라 태어난 지 3개월 만에 중국에서 생활하게 됩니다. 그녀는 푸른 눈의 중국인으로 반평생을 살면서 자신이 경험한 모든 것을 소설로 기록하고 표현합니다. 그녀의 작품은 인간의 삶에 주목하고 경청했던 결과물입니다. 인간의 경험은 어느 것 하나라도 배움이 아닌 것이 없습니다.

행복해지는 것도 습관이다

All happy families resemble one another, each unhappy family is unhappy in its own way.

행복한 가족은 서로 닮았지만 불행한 가족은 불행한 이유도 제각각이다.

레오 톨스토이 Leo Tolstoy

　행복한 가정은 가족 간의 협력에 의해 불행한 일을 상당 부분 예방할 수 있습니다. 그들은 행복을 어떻게 얻는 것인지에 대한 방법을 체득하고 있는 것 같습니다. 그러나 불행한 가족은 자신들이 추구하는 것이 달성되지 못하면 행복은 멀리 있는 것이며, 낯설고 두렵다는 생각에 사로잡혀 있습니다.

　행복한 가족에게도 불행한 일은 일어날 수 있습니다. 하지만 대처하는 방법이 다릅니다. 행복해지는 것도 습관입니다.

지구는 우주를 항해하는 우주선

There are no passengers on Spaceship Earth. We are all crew.
지구라는 우주선에 승객은 없다. 우리 모두가 승무원이다.

마샬 맥루한 Marshall McLuhan

　너무나 당연해서 잊게 되는 사실 중 하나는 우리가 살고 있는 이 지구라는 행성은 우주를 항해하는 우주선이라는 사실입니다. 우리 모두는 이 지구라는 행성의 승무원입니다. 승객은 서비스를 받는 입장이지만 승무원은 다릅니다. 항해 중에 우주선이 정상궤도를 이탈하지 않도록 수시로 점검해야 하는 것은 물론 내부관리도 철저히 해야 합니다. 그렇지 않으면 스티븐 호킹 박사의 말대로 새로운 천 년이 오기도 전에 지구 행성에 탑승하고 있는 우리 모두는 다른 행성으로 이주할 수밖에 없는 상황이 올지도 모릅니다.

　〈맨인 블랙〉이라는 SF 영화를 보면 자기들이 살고 있던 행성이 멸망해 지구로 이주해 온 외계인이 "제 행성을 잃어 버렸어요.(I've lost my planet.)"라고 말합니다. 우리도 그렇게 난감한 상황에 처할 수도 있습니다.

사랑의 일생

Love begins with a smile, grows with a kiss, and ends with a teardrop.

사랑은 미소로 시작하고, 입맞춤과 함께 자라며, 눈물방울과 함께 끝난다.

    사랑의 출발은 미소로 시작됩니다. 사랑이 시작되면 대개 비슷한 과정을 거치게 되며 그 사랑이 좋은 결실을 거두지 못하면 이별의 수순을 밟게 됩니다. 사랑도 일종의 행운이기 때문에 그 행운에 따르는 마음의 빚을 되돌려 주어야 합니다. 신화에도 나오듯이, 사랑은 돛대에 묻은 적의 피를 사랑하는 남자의 피로 오인하여 자결한 여자가 쓰러진 자리에서 피어난 백일홍처럼 오해로 인하여 비극적인 결말을 맞이하기도 합니다.

    사랑하는 연인 사이에는 사소한 오해라도 일어나지 않도록 평소 대화를 자주 나누고 관리하는 노력이 필요합니다.

장애물은 누구에게나 있다

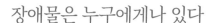

Obstacles don't have to stop you. If you run into a wall, don't turn around and give up. Figure out how to climb it, go through it, or work around it.

장애물 앞에서 꼭 멈춰야 하는 것은 아니다. 담벼락을 만나면, 뒤돌아서거나 포기하지 마라. 어떻게 통과할지, 혹은 어떻게 피해서 가야 할지를 우선 생각해 보라.

마이클 조던 Michael Jordan

때로는 어쩔 수 없는 대안으로 선택한 길이 본래 가고자 했던 방향보다 좋은 결과를 낳는 경우도 있습니다. 또한 최선처럼 보이는 길을 선택하였지만 그 길을 선택한 것을 후회하게 되는 경우도 있습니다. 최선처럼 보이는 길은 당시의 상황에서 판단하기에 그렇다는 것이지, 실제로는 최선의 길이 아닐 수 있습니다.

목표를 향해 나아가다 보면 예상치 못한 장애물을 만날 때가 있습니다. 그렇지만 장애물에 막혀 그 자리에서 주저앉거나 포기하면 모든 것은 수포가 됩니다. 앞을 가로막는 장애물을 넘을 방법을 모색하십시오. 사람은 쓰레기더미 속에서도 아름다운 장미를 키워낼 위대한 힘이 있습니다.

세상은 독창성을 가진 사람을 숭배한다

There is no doubt that creativity is the most important human resource of all. Without creativity, there would be no progress, and we would be forever repeating the same patterns.

창의성이야말로 인류의 가장 중요한 자원임에 틀림없다. 창의성 없이는 진보가 없으며 우리는 영원히 같은 형태만 반복할 것이다.

에드워드 드 보노 Edward de Bono

이전에 없었던 생각이나 물건을 만들어내는 원천이 바로 창의성입니다. 지구상의 수많은 생물의 종(種) 가운데 힘과 용기, 속도 등에서 열등한 인간이 만물의 영장으로 우뚝 설 수 있었던 원동력 또한 창의성이 있었기 때문입니다.

세계 최고의 부자 빌 게이츠, 애플의 CEO였던 스티브 잡스, 학문의 세계에서 일가를 이룬 사람들, 예술계에서 두각을 나타내는 사람들 모두 이전과는 다른 창의성을 통해 정상에 도달할 수 있었습니다. 세상은 독창성을 가진 사람들을 숭배합니다.

꼭 해야 할 일은 반드시 하라

Only put off until tomorrow what you are willing to die having left undone.

기꺼이 미완성으로 두고 죽어도 좋은 것만 내일로 미뤄라.

파블로 피카소 Pablo Picasso

어떤 사람에게는 별것 아닌 명언이 어떤 사람에게는 자신이 지금까지 살아온 날을 돌아보게 하고 인생의 극적인 전환점이 되는 계기를 만들기도 합니다. 필자는 화가 피카소가 남긴 이 명언, '기꺼이 미완성으로 두고 죽어도 좋은 것만 내일로 미뤄라'를 처음으로 들었을 때, 마치 둔기로 한 대 맞은 것 같은 느낌이 들었습니다.

인간의 운명이란 내일 어떤 예기치 않은 일이 일어나 꼭 해야 할 일이나 하고 싶은 일을 못하게 될 수도 있습니다. 꼭 해야 할 일이라면 집중과 끈기를 가지고 그 일을 해놓아야 후회를 남기지 않습니다.

지성이란 사회에 대한 적응력을 말한다

Intelligence is the ability to adapt to change.

지성이란 변화에 적응하는 것이다.

스티븐 호킹 Stephen Hawking

위의 명언은 스티븐 호킹 박사의 경험에서 나온 말입니다. 그는 자신에게 선고된 천형과 같은 불구를 극복하고 천체 물리학계의 거성으로 세계에 우뚝 섰습니다. 변화에 무기력한 것은 진정한 지성이 아닙니다. 변화를 이해하고 변화에 능동적으로 대처하는 능력이야말로 실천적인 지성이며, 그런 사람이야말로 진정한 지성인입니다.

천재성을 알아보는 것도 재능이다

Mediocrity knows nothing higher than itself, but talent instantly recognizes genius.

평범함은 자신보다 더 탁월한 것을 몰라보지만, 재능은 천재성을 즉시 알아본다.

아서 코난 도일 Arthur Conan Doyle

뛰어난 인재를 발굴하는 사람은 남다른 혜안이 있습니다. 자기스스로는 자신의 천재성을 미처 깨닫지 못하거나 자신의 분야를 스스로 찾지 못하는 일이 많습니다. 이때 천재성을 발견하고 그의 재능이 마음껏 발현될 수 있도록 여건을 조성하고 지원하는 누군가가 반드시 필요합니다. 그래서 가정에선 부모, 학교에선 교사의 역할이 매우 중요합니다.

위의 글은 수레를 타고 가던 중, 길을 막고 있는 한낱 미물인 곤충 사마귀를 보고도 그 용맹성을 칭찬하며 피해 가라는 지시를 내린 춘추시대 제나라 장공의 남다른 배려가 생각나는 명언입니다.

March

3월 / 가슴을 사용하라

미치지 않으면 미칠 수 없다

There is no great genius without some touch of madness.

약간의 광기 없는 위대한 천재는 없다.

세네카 Seneca

'미치지(crazy) 않으면 미칠(reach) 수 없다'는 말이 있습니다. 불광불급(不狂不及), 마치 미친 사람처럼 보일 정도의 열정이 있어야 뜻을 이룰 수 있다는 말입니다.

스웨덴 출신의 세계적인 배우 잉그리드 버그만은 노년에 한 텔레비전 미니 시리즈에서 이스라엘의 골다 메이어 수상 역에 캐스팅 된 후, 자신이 맡은 캐릭터를 완벽히 소화하기 위해 이스라엘을 직접 현지답사하고, 메이어 수상의 지인들을 인터뷰했으며, 메이어 수상에 대한 신문기사 하나까지 꼼꼼히 챙겼다고 합니다. 그녀는 골다 메이어 수상 역으로 그해 에미상을 수상함으로써 다시 한 번 자신의 존재를 세상에 각인시켰습니다.

자신의 여건과 상황을 원망하기 전에 자신스스로 최선을 다하고 있는지 살펴봐야겠습니다.

위대한 사상은 언젠가는 실현된다

Great ideas often receive violent opposition from mediocre minds.

위대한 생각은 평범한 생각을 가진 사람들로부터 종종 격렬한 반대에 직면한다.

알버트 아인슈타인 Albert Einstein

본질을 꿰뚫어보는 사람들의 남다른 혜안으로 인해 그 분야의 발전이 비약적으로 이루어집니다. 하지만 그들의 획기적인 주장은 좀처럼 받아들여지기가 쉽지 않습니다. 오히려 그런 주장을 하는 사람은 사람들의 지지를 받기는커녕 맹렬한 비판을 받기도 합니다.

온갖 고난을 이겨내고 자신의 생각을 펼치려면 그 정신적, 육체적 고통은 상상을 초월합니다. 그러나 그들의 생각을 차츰 대중들이 이해하기 시작하면 폭발적인 에너지가 축적되어 결국 사회적인 변화가 일어납니다. 인류의 발전에 기여한 그들의 획기적인 생각은 아인슈타인처럼 인류에 위대한 빛을 던진 인물로 길이 기억될 것입니다.

행동하지 않고 두려움을 이겨낼 순 없다

If you want to conquer fear, don't sit home and think about it. Go out and get busy.

두려움을 정복하고 싶으면, 집에 처박혀 생각만 하지 마라. 집 밖으로 나가 분주해져라.

데일 카네기 Dale Carnegie

생각이 깊을수록 오히려 두려움은 증폭됩니다. 두려움은 스스로의 상상에 의한 것이기 때문에 막상 행동으로 그 두려움의 실체에 직면해 보면 생각보다 어렵지 않은 경우가 있습니다. 행동하지 않고 두려움을 이겨낼 순 없습니다. 걱정에 휩싸여 두문불출하면 세상과 더욱 단절되어 절망감에 빠지기 쉽습니다. 오히려 밖으로 나가 활동하면서 자신과 비슷한 상황에서 문제를 해결했던 사람들과 문제를 공유하면 두려움을 떨쳐내고 자연스럽게 해결책을 얻는 경우가 흔히 있습니다.

인류는 같은 나라의 시민일 뿐이다

When Socrates was asked where he came from, he said that he was a citizen of the world. He regarded himself as a citizen of the universe.

소크라테스는 사람들로부터 어디 출신이냐는 질문을 받았을 때 "세계의 시민"이라고 말했다. 그는 자신을 우주의 시민으로 간주한 것이다.

마르쿠스 툴리우스 키케로 Marcus Tullius Cicero

　　인류의 인구가 불과 수천 명 수준으로 격감하여 절멸의 위기를 맞은 적도 있었다고 합니다. 불과 수천 명이던 인류가 전 지구로 분포되어 오늘 날의 세계를 구성하게 되었으므로 인류는 같은 나라의 시민일 수밖에 없습니다. 인류가 그 위기를 극복한 원동력은 말할 것도 없이 협업의 결과입니다. 물속에서 기포를 만들어 그 안에 자신들의 먹이를 가두어 사냥을 하는 혹등고래 등 일부 동물들도 서로 협업을 하지만 그들의 행위는 먹을 것을 구하기 위해 사냥을 하거나 새끼를 돌볼 때뿐입니다. 미래를 위해 협업하는 동물은 사실상 인류 뿐입니다.

새로운 인생에 도전하라

I wanted to live the life, a different life. I didn't want to go to the same place every day and see the same people and do the same job. I wanted interesting challenges.

나는 남과 다른 인생을 살고 싶었다. 매일 같은 장소에 가고, 같은 사람을 보며, 같은 일을 하는 걸 원치 않았다. 나는 흥미로운 도전을 원했다.

해리슨 포드 Harrison Ford

배우 해리슨 포드는 학창시절 운동이나 학업성적 등에서 이렇다 할 두각을 나타내지 못하는 평범한 학생이었습니다. 학업을 중퇴하고 할리우드에 진출했지만 오랜 무명배우 생활로 궁핍한 생활고를 해결하기 위해 목수 일을 하며 생계를 이어나갑니다. 그러던 중 영화 〈스타워즈〉와 〈인디애나 존스〉시리즈를 통해 마침내 배우로서 명성을 얻습니다.

테드 발라스는 91세에 자신의 재산 중 600만 달러의 돈을 투자해 새로운 분야인 항공여객 운수사업을 시작합니다. 그는 회사에서 아홉 시간을 근무하는 것도 모자라 집에 와서는 매일 네 시간씩 항공에 관련된 공부를 하고 주말엔 골프까지 치는 등 일과 여가를 즐기며 매일 활기 넘치는 인생을 살고 있습니다.

새로운 일에 도전하세요! 매일 설레는 마음으로 아침을 시작할 수 있습니다.

여행은 초콜릿 상자와 같다

A good traveler has no fixed plans, and is not intent on arriving.
훌륭한 여행객이란 정해진 계획이 없으며 도착하는 데 열중하지 않는다.

노자 Lao Tzu

여행보다 좋은 재충전의 기회는 사실 흔치 않습니다. 여행이 주는 유익함을 일찍이 깨달았던 영국의 상류층은 자녀가 학업을 마치면 보통 일 년 넘게 프랑스, 스위스, 이탈리아, 독일 등지를 여행하도록 했는데 이를 '그랜드 투어(Grand Tour)'라 합니다. 여행은 초콜릿 상자와 같아서 그 안에 어떤 모양과 맛의 초콜릿이 들어 있는지 기대하는 묘미도 있습니다. 그렇기에 여행은 약간의 리스크와 함께 의외의 상황이 벌어져야 기억에도 남을 수 있고 또한 재미있습니다.

여행은 고정된 일상의 틀에서 벗어나 낯선 풍경과 사람들 속에 투영된 자신을 객관적으로 바라볼 수 있는 좋은 기회입니다. 특히 여행할 때는 자기 자신을 두고 가야지 짊어지고 가면 제대로 여행을 즐기지 못할 뿐 아니라 기억에 남는 여행이 되기가 어렵습니다.

여행과 많은 면에서 닮아 있는 인생도 그러하지 않을까요?

파괴 없이 창조는 없다

To destroy is always the first step in any creation.

파괴는 항상 모든 창조의 첫 단계다.

E. E. 커밍스 E. E. cummings

1899년 미국 특허청에서는 "발명할 만한 것은 이미 다 발명되었다"며 특허청의 폐쇄까지 거론되었지만, 그 이후 인류를 새로운 차원으로 격상시킨 놀랄 만한 발명품이 얼마나 많이 나왔는지를 우리는 실감하고 있습니다.

제도든, 사물이든, 혹은 어떤 가치든 이미 존재하는 것은 새로운 창조에 걸림돌이 되기도 합니다. 사람의 관념도 마찬가지입니다. 고정관념에서 탈피해야 새로운 아이디어가 생깁니다. 그렇지만 구제도나 그 시대의 가치가 한 시대를 설득하며 존재할 수 있었던 것은 나름대로 그 시기에 맞는 타당성을 가지며 그 시대 사람들에게 수용되었기 때문입니다. 따라서 급격한 변화에 따른 저항은 피할 수 없는 수순입니다. 그러나 새가 알을 깨고 나와야 새로운 세상을 맞이할 수 있듯이, 현실의 파괴 없이는 새로운 세상의 창조 또한 없습니다.

가장 중요한 순간은

Worry never robs tomorrow of its sorrow, it only saps today of its joy.

걱정한다고 해서 내일의 슬픔이 없어지진 않을 것이며, 다만 오늘의 즐거움을 앗아갈 뿐이다.

레오 버스카글리아 Leo Buscaglia

조선시대 실학자 다산 정약용은 유배생활을 하던 어느 날, 숲속을 산책하다 슬피 울고 있는 아이를 만났습니다. 아이에게 우는 이유를 묻자, 아이는 자신이 주운 밤 한 톨을 동네 아이에게 빼앗겼기 때문이라고 했습니다.

다산 정약용은 왕의 총애를 한 몸에 받다 서학(천주교)에 연루되어 그에 대한 벌로 길고 긴 고통스런 유배생활을 하게 됩니다. 다산 정약용이 귀양생활을 하며 깨달은 것은, 어떤 삶의 고통이나 문제도 아이가 잃어버린 밤 한 톨에 불과하다는 것입니다. 필자는 다산의 고통이 미래에 대한 걱정으로 자신의 현실을 제대로 보지 못했기 때문에 벌어진 일이라는 생각했습니다. 또한 그 생각에 몇 날 며칠을 안타까운 마음으로 다산을 생각하며 보냈습니다.

가장 중요한 순간은 미래도 과거도 아닌 바로 현재입니다.

돈이 말하면 진리가 침묵한다

Money is better than poverty, if only for financial reasons.

오직 재정적인 이유라면 돈이 빈곤보다 좋다.

우디 앨런 Woody Allen

　돈 자체가 나쁜 것은 절대 아닙니다. 다만 돈이 수단이 되어 온갖 횡포를 부리는 것이 문제인 것입니다. 돈의 위력은 실로 엄청납니다. 우리의 현실은 돈의 힘이 미치면 진리와 정의가 침묵함을 안타깝게 지켜보게 됩니다. 돈의 힘이 신과 같은 급으로 격상된 것입니다.

　미국의 대부호 하워드 휴즈는 자신이 사모하는 배우 잉그리드 버그만이 자신의 개인 비행기를 이용할 수밖에 없도록 하기 위해 뉴욕에서 로스앤젤레스로 가는 당일 항공편을 몽땅 구입했습니다. 꼭 로스앤젤레스에 가야만 했던 그녀는 하워드 휴즈의 개인 비행기를 이용할 수밖에 없었습니다. 그러나 아무리 큰 재력과 명성을 가졌다 해도 그것이 사랑을 보장해 주지는 않습니다.

묻는데 길이 있다

To not know is no sin; to not ask is.

모르는 것은 죄가 아니지만, 묻지 않는 것은 죄다.

브래드 매큐언 Brad MCEwen

1944년 노벨 물리학상 수상자인 이시도어 아이작 라비 (Isidor Isaac Rabi)의 어머니는 아들이 학교에서 돌아오면 "무엇을 배웠느냐?"고 묻는 대신 "좋은 질문을 했느냐?"고 물었다고 합니다.

학생이 강의시간에 질문을 하는 것은 강의 내용에 깊은 관심을 가지고 강의의 한 부분이 되어 깊숙이 개입하는 것을 의미합니다. 당연히 최고의 학습효과를 기대할 수 있습니다. 질문을 해야 온전히 자기의 지식이 됩니다. 물론 질문하는데도 용기가 필요합니다. 그러나 처음 질문하는 것은 어렵지만 일단 질문을 하면 호기심도 충족되고 궁금증이 해소되어 그렇게 시원할 수가 없습니다.

미래지향적으로 살라

Life can only be understood by looking backward, but it must be lived by looking forward.

인생은 되돌아볼 때야 비로소 이해할 수 있지만, 앞을 보고 살아야 한다.

장발장은 자신의 이름을 '마들레느'로 개명한 후 열심히 일을 해서 백만장자가 되고 사람들로부터 존경받는 시장(市長)의 지위에까지 오릅니다. 하지만 그의 과거를 알고 있는 자베르 경감은 집요하게 마들레느의 과거를 물고 늘어집니다.

누구라도 싫든 좋든 과거는 이미 있었던 일이기에 되돌릴 수 없습니다. 하지만 미래는 다릅니다. 현재를 어떻게 보내느냐에 따라 자신의 인생을 유리한 국면으로 전환시킬 수 있습니다. 현재 또한 분명 과거의 산물이지만, 과거와는 엄연히 다른 시간이며 새로운 공간입니다.

경험의 대가가 클수록
더 많이 배우게 된다

Experience is the name everyone gives to their mistakes.

경험이란 자신들의 실수에 대해 붙여주는 이름이다.

오스카 와일드 Oscar Wilde

누구나 크고 작은 실수를 합니다. 하지만 자신의 실수에 대해서 너무 마음을 쓰면 몸과 마음이 지치게 됩니다. 자신의 실수를 좋은 경험을 했다 생각하세요. 실수를 경험이라고 하는 발상은 실수나 실패에 대한 인간의 재치 있는 대응방식이라 할 수 있습니다. 실수나 실패 앞에서 당연한 대가를 치렀다고 생각하면 아픔을 좀 덜 수 있습니다. 우리는 아픔이 크면 클수록 더 많이 배웁니다. 실수나 실패를 통해 무언가 배운 게 있다면 어떤 쓰라린 경험도 실패라고 할 수 없습니다. 중요한 것은, 같은 실수, 같은 실패를 반복하지 않는 것입니다.

어느 분야든 최고의 전문가가 되라

It's a strange thing how unimportant your job is when you're asking for a raise, but how important it can be when you want to take the day off.

이상한 일은 당신이 봉급 인상을 요구할 때는 당신의 업무가 그다지 중요하지 않지만, 하루 휴가를 낼라치면 얼마나 중요해지는지 모른다.

　　최고의 행진곡 중 하나인 '라데츠키 행진곡'은 현악기와 관악기의 연주가 주를 이루며 진행되지만 북과 심벌즈 같은 타악기가 없다면 행진곡으로써 최상의 효과를 낼 수 없습니다.

　　필요 없는 자리는 없습니다. 자신이 맡은 자리에서 빛나는 성과를 내도록 열성을 가지고 정진하면 누군가 지켜보고 있다가 기회를 줍니다. 기회가 주어지지 않더라도 자신이 맡은 분야의 최고 전문가가 되어 그 누구도 그 자리를 대신할 수 없게 되면, 우선 자신스스로 만족스러울 뿐만 아니라 언제까지라도 일자리가 보장되고 경제적으로 안정된 생활을 누릴 수 있습니다.

행복이란 정신적인 태도의 문제다

Happiness is not a matter of good fortune or worldly possessions.
It's a mental attitude. It comes from appreciating what we have,
instead of being miserable about what we don't have. It's so
simple - yet so hard for the human mind to comprehend.

행복은 많은 재산이나 세속적인 소유의 문제가 아니다. 그것은 정신적인 태도다. 그것은 우리가 가지지 못한 것에 대해 비참하게 느끼는 대신, 우리가 가진 것에 대해 감사하는 데서 나온다. 정말 단순하다 - 그럼에도 불구하고 인간의 마음으로는 이해하기가 어렵다.

오로지 자신의 힘만으로 이룬 성공은 거의 없습니다. 보통 사람들만 해도 자신이 받은 축복이 많지만 엉뚱하게 마음은 자신이 소유하지 못한 것에 대해 집착합니다. 그러다보니 자신이 가진 것에 대한 감사함을 잊게 됩니다.

감사할 줄 모르는 사람은 불행할 수밖에 없습니다. 감사하는 마음이 사라졌다는 것은 모든 걸 비관적으로 본다는 뜻이며, 비관적인 사람에게는 주변에 사람이 모이지 않게 되고 따라서 행복과 성공을 기약할 수 없습니다.

낙관의 에너지가 충만할 때 사람들이 나의 주위로 몰려듭니다. 사람이 모이는 곳에 부귀의 원천이 숨어 있습니다.

단순해져라

When all your desires are distilled. You will cast just two votes: To love more, and be happy.

당신의 모든 욕망이 증류되고 나면 당신은 단지 두 가지에만 표를 던질 것이다: 좀 더 사랑하는 것과 행복해지는 것.

페르시아의 하피스 Hafiz of Persia

인간은 누구나 치유의 기능을 가지고 있습니다. 그럼에도 늘 불행한 사람이 있는 이유는 인간의 마음속엔 늘 욕망이 뒤엉켜 있어 갈피를 못 잡는 데 그 원인이 있습니다.

단순해지라는 것은 모든 욕망을 내려놓으라는 뜻이 아니라 가장 중요한 욕망에 초점을 맞추어 그것을 추구하고 달성하는데 전력을 기울이라는 의미입니다. 인간의 욕망 그 자체는 전혀 잘못된 것이 아닙니다. 그러나 욕망이 정당하지 못할 때, 즉 자신의 처지와 능력을 벗어나 과도하게 추구할 때 문제가 발생하는 것입니다. 정당한 욕망이야말로 인간 삶의 강력한 힘의 원천입니다.

배가 가라앉은 뒤

After the ship has sunk everyone knows how she might have been saved.

배가 가라앉은 후에야 비로소 사람들은 어떻게 해야 배를 구할 수 있었는지를 깨닫게 된다.

이탈리아 속담

이탈리아의 호화유람선이 지중해에서 좌초하여 침몰하고 선장이 승객을 버리고 달아난 사건은 재정위기로 존망의 갈림길에 선 이탈리아의 현실을 투영하는 것 같습니다. 특히 도덕적으로 부적절하고 탐욕스런 사람을 지도자를 세우면 그 고통은 고스란히 국민의 몫이 됩니다. 순항하던 배가 가라앉아서 수많은 목숨을 잃기 전에 상황을 파악하고 예방조치를 취할 수 있는 예지를 지닌 지도자를 선택해야 나라와 민족을 지킬 수 있다는 깨달음을 주는 이탈리아의 속담이었습니다.

당신의 가슴을 사용하라

To handle yourself, use your head; to handle others, use your heart.

스스로를 다루기 위해서는 머리를 사용하라; 다른 사람을 움직이기 위해서는 가슴을 사용하라.

도널드 레어드 Donald Laird

사람은 명민한 존재이므로 다른 사람이 자신을 이용하려 한다는 것을 직감적으로 알아차립니다. 하지만 진솔한 마음을 사용하면 거부감 없이 협력을 얻어낼 수 있습니다.

동기부여의 달인이라 할 수 있는 나폴레옹은 부하들의 감성에 호소하여 난관을 돌파하곤 했습니다. 나폴레옹이 오랜 행군으로 이집트에 도착한 후, 지친 부하들에게 말했습니다.

"4천 년의 역사가 그대들의 위대한 행동을 지켜보고 있다"

나폴레옹은 자신들이 하는 일이 역사적인 일임을 군사들에게 일깨웠습니다. 사람을 움직이려면 당신의 가슴을 사용하여 그들의 가슴에 불을 붙이세요.

갈등의 에너지를 역이용하라

Peace comes not from the absence of conflict in life but from the ability to cope with it.

인생의 평화는 갈등이 없는 데서 오는 게 아니라 갈등을 대처하는 능력에서 온다.

갈등이란 인간관계에서 발생하는 이해의 대립입니다. 그러므로 개개인의 개성이 각기 다른 인간관계에서의 갈등은 피할 수 없는 것이며, 당연히 수시로 거쳐야하는 통과의례입니다.

그러나 갈등의 에너지를 역이용하면 인간관계를 공고히 하는 계기가 될 수 있습니다. 그것은 상호존중의 토대 위에 적절한 타협점을 조율하는 능력을 필요로 합니다. 갈등하는 마음을 지닌 채 일시적으로 인간관계를 회피하다가 통제 불능의 상태에 빠지는 경우가 있습니다. 개인이든 국가든 협상과 대화가 지속적으로 필요한 이유입니다.

꿈꾸는 방향으로 진군하라

Let go of the past and go for the future. Go confidently in the direction of your dreams. Live the life you imagined.

과거는 놓아버리고 미래를 목표로 하라. 당신이 꿈꾸는 방향으로 믿음을 갖고 진군하라. 당신이 상상한 대로 살라.

헨리 데이비드 소로 Henry David Thoreau

　과거를 붙들고 있으면 현재의 삶에 막대한 지장을 가져옵니다. 과거에 좋았던 시절과 실패의 쓰라린 경험도 다 내려놓아야 현재를 알차게 살 수 있습니다. 현실이 여의치 않을 때 심리적 자기 위로의 수단으로 지금보다 나았던 시절을 떠올리게 되는 것은 사람이라면 당연히 생각할 수 있는 일이겠지만 그래도 그 시간이 길면 안 됩니다. 그런 방법으로는 결코 현실의 무게를 타개할 수 없습니다. 현재 고통스런 삶 속에 있더라도 냉정하게 현실을 직시하고 거기서부터 다시 출발해야 합니다. 과거는 우리의 통제 밖에 있지만 미래는 준비 여하에 따라 스스로 관리할 수 있기 때문입니다.

우연한 성공은 없다

Success is, an amazing amount of the time, a positive manipulation of failure.

성공이란 놀랄 만한 긴 시간과 실패를 긍정적으로 다룬 결과물이다.

성공은 자신이 목표하는 것에 시간과 정성 그리고 끊임없는 노력을 요구합니다. 그 과정 중에 필연적으로 실패도 경험하게 됩니다. 이렇듯 조금씩 궤도를 수정해가면서 한 방향으로 끊임없는 노력을 기울이니 결국 하늘도 감동하여 주어지는 것이 성공입니다.

어느 분야에서 성공하려면 1만 시간 이상 집중적으로 노력해야 한다는 말이 있습니다. 외국어든 어떤 기능이든 안 된다고 하기 전에 그것을 해내기 위해 어느 정도의 열정을 쏟았는지 스스로 반성해볼 필요가 있습니다. 각 분야에서 대단한 성공을 거두는 사람들은 실패조차도 자신의 목표를 위해 사용하며 그래서 전세를 역전시킵니다.

인간의 속성

We all have strength enough to endure the misfortunes of other.

우리는 남의 불행에 대해 견딜 만한 충분한 힘을 가지고 있다.

라 로슈푸코 La Rochefoucauld

한 통계에 의하면, 우리나라 사람들이 새해 결심으로 무려 42%가 체중조절을 1순위로 설정하고 있다고 합니다. 아직도 세계 인구의 43%가 오염된 지하수를 식수로 마시고 있고, 33%는 화장실조차 없는 형편인데도 말입니다.

열대지방 아프리카의 바자우족은 수입의 3분의 1을 순전히 식수비용으로 지출하는데, 흙탕물 한 통을 얻기 위해 몇 시간씩 먼 길을 오가야 하는 아프리카의 많은 사람들에 비하면 그래도 이들은 행복한 편이라고 필자는 생각한 적이 있습니다.

세계 각국에서 일어나는 엄청난 자연재해, 교통사고, 굶주림으로 인한 사망 등 불행한 일은 각처에서 수없이 일어나지만 그런 상황은 우리와는 아무런 상관관계가 없다는 듯 우리는 아무렇지도 않게 오늘을 살아가고 있습니다.

남을 배려하면 자신이 돋보인다

When you save face for others, your face looks better too.
다른 사람의 체면을 세워주면, 당신의 얼굴도 보기 좋아진다.

곤란한 일에 부닥쳤을 때, 자신을 도와줄 사람이 주위에 아무도 없을 경우에는 스스로 자신을 방어해야겠지만 제3자가 자기를 옹호하고 변호해 주면, 공적(official) 객관성을 띠어 훨씬 더 신빙성(convincing)을 갖게 됩니다. 이는 심리학적으로도 입증된 사실입니다.

간혹 인간관계에서 자신만 돋보이려 한다거나 남을 깎아 내리는데 주력하다 보면 동지 대신 적을 만들게 됩니다. 그렇지 않아도 문제가 산적해 있는 인생인데 적이 많아지면 가시밭 인생길을 걸어야 합니다.

용기는 반복을 통해 강화된다

Courage is very important. Like a muscle, it is strengthened by its use.

용기는 매우 중요하다. 그것은 자주 사용함으로써 근육처럼 강해진다.

루스 고든 Ruth Gordon

용기를 내서 어떤 일을 실행하면 자신감이 생기고 긍정의 에너지와 파동이 뇌와 근육 속에 기억됩니다. 용기란 행위에 따른 리스크가 있는 것을 인지하고도 감행하는 적극성인데, 이런 자세 없이는 아무리 학력이 화려하고 능력이 있다고 해도 일정한 성공 이상은 거두기 어렵습니다.

성공의 비결은 사실상 80%가 용기인데도 사람들은 기능을 연마하는 것에만 온힘을 쏟고 있습니다. 용기를 내서 자신의 꿈을 향해 실행하십시오. 용기도 자주 사용하면 근육처럼 강해집니다.

곁에 있는 사람이 최고다

Only one person can solve all the world's problems, and whenever you sit, he's usually in the chair right next to you.

단 한 사람만이 세상의 모든 문제를 해결할 수 있는데, 당신이 주저앉을 때마다 그는 항상 당신 바로 옆 의자에 앉는다.

내가 인생의 무게에 눌려 주저앉을 때마다 내 곁을 지켜주는 사람, 우리는 그를 '반려자'라고 부릅니다. 그는 자신의 모든 것을 아낌없이 주고 싶은 사람입니다. 그런 사람을 가장 가까이 둔 사람은 이미 행복한 사람입니다.

배우자보다는 반려자가 더 필요한 시대입니다. 배우자는 제도와 법률로 귀결되는 사이지만 반려자는 사랑과 지혜를 공유하는 관계입니다. 사랑과 존경, 배려 앞에서 법률은 한낱 휴지 조각에 불과합니다.

우리가 흔히 착각하는 것 중에는 돈을 더 많이 벌면 행복 또한 증가할 것으로 생각하는 것인데, 그 대가가 사랑하는 사람과의 시간을 희생하는 것이라면 다시 고려해 봐야합니다.

보이지 않는 사람들의 위대한 힘

A leader is best when people barely know he exists .... When his work is done, his aim fulfilled, they will say, "We did this ourselves."

최고의 지도자란 그가 존재하는지조차 사람들이 거의 알지 못하는 것이다…. 그가 한 일이 이루어지고 목표가 달성되었을 때 사람들은 말할 것이다. "우리가 스스로 해냈어요."

노자 Lao Tzu

지도자는 상황을 전체적으로 조망하면서 필요한 곳에 적시에 도움을 줍니다. 물론 요란하지 않게 말입니다. 그래서 지도자를 '코치'라고도 부르는 것입니다. 지도자의 지도력이 당장 외부로 드러나지 않을 수도 있습니다. 하지만 매번 일이 성공적으로 끝나고 있다는 것을 알게 되면 사람들은 그 일이 자신만의 힘으로 이루어진 것이 아님을 깨닫게 됩니다. 그것은 명성이 높은 오케스트라의 지휘자가 실제로 악기를 연주하는 것이 아닌데도 존경과 찬사를 한 몸에 받게 되는 이유와 같습니다.

한 발 빠른 결정이 승패를 가른다

The man who insists upon seeing with perfect clearness before he decides, never decides.

결정하기 전에 명확하게 밝혀져야 한다고 주장하는 사람은 결코 결정하지 못한다.

앙리 프레데릭 아미엘 Henri-Frederic Amiel

영국의 정치인이자 작가인 벤자민 디즈렐리는 "가장 성공적인 사람은 일반적으로 최고의 정보를 가지고 있다"고 말했습니다.

충분한 정보와 넉넉한 자원을 가지고 있다면 누구든 쉽게 판단하고 결정할 수 있습니다. 하지만 현실에서 충분한 정보와 자원은 별로 주어지지 않습니다. 대개는 한정된 자원과 시간 속에서 누가 빨리 결정하고 실행하느냐에 따라 성패가 갈립니다.

올바른 결정을 신속하게 내리고 실행에 옮기는 기업이나 국가는 번영하고, 국론이 사분오열되어 갈등을 해결하기에도 버거운 기업이나 나라들은 여전히 혼란의 고통에서 헤쳐 나오지 못하고 있습니다.

하려고만 하면 방법이 보인다

A successful person is one who went ahead and did the thing the rest of us never quite got around to.

성공한 사람이란 사람들이 시간을 내어 할 수 없었던 일을 기꺼이 실행한 사람이다.

현대그룹 창업주 정주영 회장은 "길이 없으면 길을 찾고, 찾아도 없으면 만들면 된다."고 말했습니다.

그는 정말 자신의 말처럼 위기 때마다 극적인 돌파구를 스스로 마련하곤 했습니다. 폐유조선에 물을 채워 급류를 극복하며 물막이 공사를 한다거나 철 구조물을 바지선에 태워 사우디아라비아까지 수송하는 등 보통사람의 생각으로는 상상할 수조차 없는 기발한 아이디어로 현대건설의 신화를 만들었습니다.

'하려고 하면 어떻게든 방법이 보이고, 하고 싶지 않은 마음이면 핑계만 보인다.'는 말처럼 자신이 진정으로 원하는 일이 있다면 어떻게든 시간을 내어 그것을 할 수 있습니다.

소망한다면 당장 시작하라

Most of us spend half our time wishing for things we could have if we didn't spend half our time wishing.

우리들에게 주어진 시간의 반을 소망하는 데 소비하지 않으면, 할 수도 있었음을 후회하면서 나머지 절반의 시간을 보낸다.

알렉산더 울콧 Alexander Woollcott

    소망하는 것만으로는 꿈을 이룰 수 없습니다. 소망하는 것도 중요하지만 정작 중요한 것은 소망을 이루기 위한 행동을 시작하는 것입니다. '시작이 반'이라는 말은 너무나 평범해서 흘려듣기 쉽지만 시작이 얼마나 중요한가를 일깨워주는 말입니다. 시작해야 이룰 수 있습니다. 성공한 사람들의 비결이 여기에 있습니다. 일단 시작만 해도 대개는 추진력이 붙어 저절로 진행됩니다. 여기에 인내를 더하면 이루지 못할 일이 별로 없습니다.

다른 사람을 비판하지 말자

People rarely disclose their character so clearly as when they describe someone else's.

사람들이 다른 사람의 성격을 묘사할 때처럼 자신의 성격을 극명하게 드러낼 때도 없다.

　사람은 자신의 들보(beam)는 보지 못하는 결함이 있음을 성경에서도 찾아볼 수 있습니다.

　남을 판단하기에 앞서 자신에 대한 객관적이고 냉정한 판단을 통한 인식만이 현실과의 괴리를 좁힐 수 있습니다. 우리가 남에 대해 평가하기를 좋아하는 이유는 은연중 자신을 과대포장하려는 마음에서 나오는 것인데, 이럴 때 미국인들은 흔히 쓰는 표현으로 "Get real! (정신 차려! 꿈 깨!)"라고 합니다.

변신의 기회를 놓치지 마라

Everything now being done is going to be done differently; it's going to be done better, and if you don't do it, your competitor will.

현재 이루어지고 있는 모든 것은 다르게 될 것이다; 더 나아질 것이며 당신이 하지 않으면 경쟁자가 할 것이다.

당시로서는 완벽하게 보이는 것조차 변화의 과정을 거치게 되고 생각지도 못했던 개선이 이루어집니다. 변신의 기회를 놓치지 마십시오. 변화의 과정에 신속하게 참여해야지 수수방관만 하고 있다가는 변화의 물결에 휩쓸려 표류하게 됩니다. 변화는 자발적일 때, 고통이 가장 덜한 법입니다. 변화할 때 중요한 점은 완급의 조절이 필요하며 점진적인 것이 바람직합니다.

나무를 옮길 때 뿌리에 붙어 있는 흙을 그대로 쓰고, 금붕어를 다른 어항에 옮길 때 예전의 물을 섞어 주는 이유는, 새 흙만 쓰거나 완전히 다른 물을 넣으면 나무와 금붕어가 살지 못하기 때문입니다.

최고의 행복은 물질에 있지 않다

The supreme happiness of life is the conviction that we are loved.

인생에서 최고의 행복은 우리가 사랑받고 있다는 확신이다.

빅토르 위고 Victor Hugo

알베르 카뮈, 도스토옙스키, 찰스 디킨스 등 문학계의 거장들에게 정신적인 영향을 끼친 것으로 잘 알려진 프랑스의 시인·소설가·극작가인 빅토르 위고는 자신의 작품마다 사랑의 힘을 역설하고 있습니다.

사랑이 풍만한 마음으로 세상을 바라보면 기쁨이 없던 거리도 의미가 생기고, 길모퉁이에 노랗게 핀 민들레꽃, 발길에 무심코 채이던 제비꽃도 더할 수 없이 아름답기만 합니다. 사랑이 시작되면 세상이 온통 사랑으로 채색되는 믿기 어려운 일들이 매직처럼 일어납니다.

4월 / 오버나잇 석세스는 없다

April

어려운 일일수록 세상은 크게 보상한다

Every great improvement has come after repeated failures. Virtually nothing comes out right the first time. Failures, repeated failures, are fingerposts on the road to achievement.

모든 위대한 개선은 반복된 실패 후에 왔다. 실제적으로 무엇이든 한 번에 되는 일은 없다. 실패, 반복된 실패야말로 업적이라는 길에 이르는 안내 표지판이다.

찰스 케터링 Charles F. Kettering

실패가 반복된다는 것은 그만큼 성취하기 어려운 일이라는 뜻입니다. 실패한 사람에게 세상은 가혹할 정도로 냉정합니다. 세상이 원망스러울 정도로 비참한 것이 패배자의 삶입니다. 그러나 패배자로 그냥 주저앉아버리면 영원한 패배자가 되지만 실패의 아픔을 떨쳐내고 심기일전하여 성공을 하면 세상의 대우는 확연하게 달라집니다. 냉정하게 보일지라도 그것이 세상의 룰이고 사회의 법칙입니다. 하지만 이루기 어려운 일일수록 세상의 보상은 큽니다.

가면을 벗자

It is better to be hated for what you are than loved for what you are not.

당신의 가식이 사랑받느니 본모습으로 증오를 받는 편이 낫다.

앙드레 지드 Andre Gide

어린이는 정말 잘 웃습니다. 그러나 나이를 먹을수록 허심탄회하게 편하게 웃을 공간이 차츰 없어지는 것은 정말 안타까운 일입니다. 사회생활이 냉정한 경쟁심리가 작용하는 인간관계의 연속이다 보니 때로는 가식적인 웃음을 지을 때가 있습니다. 그래서 이러한 인간관계 현상을 지켜본 프랑스의 소설가이며 비평가인 앙드레 지드는 "당신의 가식이 사랑받느니 본모습으로 증오를 받는 편이 낫다."고 말한 것 같습니다.

마음이 통하는 편한 사람들과 함께 할 때는 혼자 있을 때보다 30배나 더 많이 웃게 된다고 합니다. 부모, 반려자, 친구가 필요한 이유입니다. 그들 앞에선 가식적인 언행으로 자신을 위장할 필요가 없고, 동심(童心)을 보여도 용납이 되는 관계입니다. 동심을 회복하면 웃음은 저절로 찾아옵니다.

인생 최고의 순간

The best years of your life are when the kids are old enough to help shovel the snow but too young to drive the car.

인생에서 가장 좋은 시기는, 아이들이 자신의 눈 치우는 일을 도와주지만 운전하기에는 너무 어릴 때다.

필자 역시 이때가 자녀와의 관계도 제일 좋고 부모의 입장인 나 자신도 육체적으로 젊으니 사회생활도 의욕적으로 하는 가장 행복한 때라고 생각한 적이 있습니다. 그러나 안타깝게도 많은 사람들이 이 시기를 무심히 지나치는 것 같습니다.

자녀가 운전면허에 응시할 나이가 되면, 자기주장이 강해지고 사사건건 부모와 대립(Rebel without a cause)하는 것처럼 느껴집니다. 이것은 자녀들이 성장하여 독립하기 위한 자연스런 과정인데도 부모 입장에서는, 서운하게 느껴질 수 있습니다. 그러나 조용히 생각해보면, 어린 새가 스스로의 힘으로 비행을 할 때쯤이면 둥지를 떠나는 것이 세상의 순리임을 깨닫게 됩니다.

매미는 6년간이나 어두운 땅속에서 살다 허물을 벗고 겨우 7일간 자기 인생의 절정을 노래하며 스러집니다. 우리에

겐 보다 긴 인생 최고의 순간이 자주 있으며 또한 스스로의 노력으로 만들 수도 있습니다. 인생 최고의 순간을 자주 만들어서 풍요로운 인생을 꾸미길 바랍니다.

사랑을 지켜내려면

Love is like planting a tree. Once you plant a tree, you shouldn't keep pulling it up by the roots to see how it's growing.

사랑이란 나무를 심는 것과 같다. 나무를 심었으면, 나무가 자라는 것이 궁금하다고 뿌리째 자꾸 뽑아보면 안 된다.

사랑은 열정으로 시작하지만 그것만으로는 사랑을 지켜 낼 수 없습니다. 믿음이라는 연료를 지속적으로 공급해 주어서 그 사랑이 원하는 목적지까지 무사히 항해를 할 수 있도록 해야 합니다. 피사의 사탑이 계속 기울다가 5.5도에서 멈추었듯이 사랑도 기울기가 그칠 때가 있는데, 이때 특별한 노력을 하지 않으면 갈등의 임계점(critical point)을 넘을 수 없습니다.

화살이 활시위를 떠날 때 가장 강하게 비행하는 것처럼 사랑도 시작될 때 가장 강렬합니다. 사랑의 추진력이 약해질 때마다 사랑을 증진할 아이디어를 개발하는 것이 사랑을 아름답게 유지하는 비결입니다.

질문하라, 멍청한 질문은 없다

The only dumb question is the one not asked.

질문되지 않은 것만이 멍청한 질문이다.

　질문은 가장 효과적인 학습법입니다. 많은 사람들이 모여 있는 자리에서 종종 누구라도 웬만하면 알고 있는 질문을 하는 사람이 있습니다. '왜 저런 당연한 것을 묻지?'하는 무언의 눈초리를 두려워할 필요는 없습니다. 질문을 해야 전문가의 답변을 듣고 새로운 깨달음을 얻을 수 있습니다.

　필자는 얼마 전 무주의 반딧불축제에 갔을 때 반딧불이의 생태에 대해 담당자에게 물어서 그동안 몰랐던 사실, 예컨대 '날아다니는 것은 주로 수컷'이라는 것과 '수컷의 몸에는 발광체가 한 마디 더 많기' 때문에 유난히 밝다는 것 등을 알게 되었습니다. 전문가들은 가장 중요한 부분을 쉽게 간추려 알려주기 때문에 짧은 시간에 많은 지식을 습득할 수 있습니다. 질문의 힘은 정말 위력적입니다. 멍청한 사람은 있을 수 있어도 멍청한 질문은 없습니다.

위대한 종결자가 되라

People may forget how fast you did a job, but they will remember how well you did it.

사람들은 당신이 얼마나 빨리 일을 해냈는가는 잊을지 모르지만, 얼마나 잘했는지는 기억할 것이다.

'우리는 시작이 아니라 우리가 끝낸 것에 의해 심판을 받는다. (We are judged by what we finish, not what we start.)'라는 말이 있습니다.

훌륭한 종결자(a great finisher)가 각광을 받는 세상입니다. 프로선수가 경기를 마칠 때 의도적으로 강하게 보이려 하듯이, 끝이 인상적이어야 마음속에 깊이 각인되는 법입니다.

한때 반도체와 휴대폰, 텔레비전 등의 전자분야에서 세계를 선도하던 미국과 일본이었지만, 지금은 한국과 대만에도 뒤지고 있습니다. 남보다 조금 앞서간다고 자만할 것도, 뒤처졌다고 좌절할 것도 아닙니다. 후발주자도 얼마든지 역전이 가능한 세상입니다.

진짜 의도를 파악하라

A person always has two reasons for doing anything - a good reason and the real reason.

사람에겐 무슨 일을 하든 항상 두 가지 이유가 있다 - 그것은 그럴듯한 이유와 진짜 이유다.

JP 모건 JP Morgan

사람의 마음에는 이중적인 요소가 있습니다. 우리는 마음 속에 담아놓고 자신의 진짜의도를 밝히지 않을 때가 있습니다. 또한 상대를 배려하기 위해서 진짜 이유를 밝히지 않는 경우도 있습니다. 그렇기에 사람의 의도를 항상 의심할 필요는 없으나 상대를 너무 액면 그대로 받아들이기만 해서도 안됩니다.

가장 빠르고 확실한 길

When I can't handle the events, I let them handle themselves.
나는 벌어진 사건을 어쩔 수 없을 때는 되는 대로 놔둔다.

헨리 포드 Henry Ford

헨리 포드와 같은 유명한 자동차 회사 창업주도 자신의 힘으로 어쩔 수 없는 상황에 종종 처하게 되는 일이 있었나봅니다. 하물며 우리 같은 보통 사람들이야 말할 나위도 없을 것입니다.

누구라도 자신에게 닥친 위기의 상황을 반전시키기 위해 최선을 다해 보지만 도저히 자신의 힘으로는 불가능하다고 생각될 때가 있습니다. 이럴 때는 헛수고만 할 게 아니라 우회할 수 있는 길은 없는지 적극적으로 살펴봐야 합니다. 세상사는 변화무쌍하기에 되돌아간다고 생각했던 길이 사실은 지름길로 변하는 수도 있고, 아무도 찾지 않던 길이 누구나 선망하는 길이 되기도 합니다. 그 누구도 미래를 정확히 예측할 수는 없기에 자신이 좋아하는 일을 선택하는 것이 그 분야에서 성공하는 가장 빠르고 확실한 길입니다.

성공에 대한 욕심을 버려라

I don't dwell on success. Maybe that's one reason I'm successful.

나는 성공에 대해 곰곰이 생각하지 않는다. 아마도 그것이 내 성공의 한 가지 이유일 것이다.

캘빈 클라인 Calvin Klein

예전에 한 어부가 자신의 어깨에 해오라기가 자주 와 앉는 다며 아내에게 자랑하니 아내가 한번 잡아와 보라고 했습니다. 하지만 공교롭게도 그날은 해오라기가 그의 근처에 얼씬 도 하지 않았습니다. 미물이라고 생각하는 새도 사람의 속마음을 알아차립니다.

성공도 이와 같습니다. 단번에 무엇을 이루려는 기심(機心) 을 버리고 열심히 노력을 해야 성공할 수 있습니다. 성공에 따른 부수적인 욕심에 눈이 어두우면 성공이 문을 닫고 좀처럼 자신을 허락하지 않습니다.

마음의 빗장을 풀자

The chance to love and be loved exists no matter where you are.

사랑하고 사랑받을 기회는 당신이 어디에 있든지 존재한다.

오프라 윈프리 Oprah Winfrey

사람들은 진정한 사랑을 찾을 수 없다고 하소연합니다. 하지만 진정한 사랑을 찾을 수 없는 가장 큰 이유는, 상대에게 진실한 마음으로 진솔하게 다가가지 않기 때문입니다.

누구나 타인을 처음 대할 때는 마음의 대문(gate)과 파수꾼(guard)이 경계를 섭니다. 이 마음의 대문과 경계의 빗장이 스르르 열리지 않는 한, 진정한 인간관계는 형성되지 않습니다. 다른 사람의 문을 열기 위해서는 자신의 마음의 문부터 열어야 하는 것이 순서입니다.

곤경에 빠지지 않으려면

The easiest way to get into trouble is to be right at the wrong time.

곤경에 빠지는 가장 쉬운 방법은 적절치 못한 때 올바른 것이다.

역사서를 읽다 보면, 분명 옳은 주장이고 충언이지만 역린
(逆鱗)을 건드려 최악의 경우 죽음을 맞기도 하는 기록이 전해
지고 있습니다. 참화를 입지는 않았지만 조선시대 이조판서
로 승승장구하던 황희는 세자 책봉 문제로 태종과 다른 의견
을 냈다가 귀양을 갑니다.

인간이란 생각보다 이성적이지 못하기 때문에 자신의 의
견이 부당한 것을 알면서도 자신의 지위나 입장 또는 편견 때
문에 받아들이지 않을 때가 있습니다.

설득하기 어려운 사안일수록 분위기를 조성하여 서서히
자신의 의견을 관철하는 지혜가 필요합니다.

콜럼버스가 추앙받는 이유

If Columbus had turned back, no one would have blamed him. No one would have remembered him, either.

콜럼버스가 항해 도중 포기하고 되돌아갔다 해도 그를 비난할 사람은 없었을 것이다. 또한 그를 기억하는 사람도 없었을 것이다.

　아메리카 대륙을 발견한 콜럼버스가 항해를 계속했던 것은 그가 항해술이 뛰어났기 때문이 아니었습니다. 당시 최고의 항해 지식을 갖춘 전문가들 대부분이 콜럼버스의 결정이 무모하고 불가능한 일이라고 반대했으나 그의 간절한 호소가 에스파냐 왕과 여왕의 지지를 받아 겨우 항해를 떠날 수 있었습니다. 나침반이 없던 시기에 달빛과 별자리를 의지해 자신의 위치를 파악하며 항해를 계속한 콜럼버스 일행들의 노고가 어떠했을지 눈앞에 선연히 그려집니다. 이들의 분투가 있었기에 콜럼버스를 지원했던 나라는 16~17세기 제해권을 지배하며 100여 년에 걸쳐 패권국가의 지위를 누릴 수 있었습니다.

세상에서 가장 어려운 일

Three of the most difficult things to do in life are to keep a secret, forget an injury, and make good use of leisure time.

인생에서 가장 어려운 세 가지 일은 비밀을 지키는 것, 상처를 잊는 것, 한가한 시간을 잘 이용하는 것이다.

첫째, 비밀은 자신을 일단 벗어나면 온 세상으로 전파된다고 봐도 무방합니다. 자신이 지킬 수 없는 비밀을 다른 사람이 어떻게 지킬 수 있겠습니까? 그래서 비밀이란 '아무에게도 말하지 말라고 하며 모든 사람에게 얘기하는 것'이라는 말이 있는 것입니다.

둘째, 시간이 지나면 가슴을 아프게 했던 상처는 대부분 잊혀 집니다. 두뇌의 메커니즘이 그렇습니다.

셋째, 한가한 시간을 잘 이용하라는 것이 휴식시간에도 일을 해야 된다는 뜻은 결코 아닙니다. 우리들 대부분은 일을 잠시 내려놓을 수는 있어도 방치해 둘 수는 없는 형편에 처해 있습니다. 일과 세상의 짐을 잠시 내려놓고 쉬되, 다음 계획을 위한 몸과 마음의 충전을 착실히 해야 여가를 잘 선용했다고 할 수 있습니다.

산책의 힘

All truly great thoughts are conceived by walking.

모든 위대한 사상은 산책 중에 구상된 것이다.

프리드리히 니체 Friedrich Nietzsche

세상의 풍경은 각기 다를 수 있지만 산책을 하는 곳은 대체로 숲이 우거져 있는 곳이기에 마음의 평안을 주고 생각이 정리됩니다. 숲속은 그 자체가 완전한 세계를 이룹니다. 수많은 생명의 보금자리인 숲속에는 나무들이 하늘을 향해 온 몸을 활짝 펼치고 세상의 온갖 공기를 받아들입니다. 새와 같은 날짐승이 깃들어 살고 있을 뿐만 아니라 여러 가지 크고 작은 생명체의 터전이 있어 그들에게 생명의 원천이 되는 양식을 공급하는 장(場)이 되기도 합니다.

"모든 위대한 사상은 산책 중에 구상된 것이다."고 말한 니체의 사상은 산책의 유용함에 대한 말한 것입니다. 초록이 주는 위안과 평안을 온전하게 누리며 산책하십시오.

무례함은 약함을 드러내는 것이다

Rudeness is a weak person's imitation of strength.

무례함은 약한 사람이 힘이 있는 체하는 것이다.

진정한 강자는 자신을 과장할 필요가 없기 때문에 여유도 있고 예절도 바릅니다. 반면에 화를 잘 내거나 욕설을 자주 하는 사람은 내면적으론 매우 약한 사람입니다. 사람들은 누가 강하고 약한지 금세 알아차립니다. 대개는 본인 자신만 모릅니다.

1960년대 초반에 출판되어 세계적으로 경이적인 판매 기록을 세운 하퍼 리의 《앵무새 죽이기》라는 소설에 다음과 같은 구절이 있습니다.

'욕설이란 어린이들이 성인이 되기 위해서 거치게 되는 과정으로, 욕설로는 사람들의 관심을 끌 수 없다는 것을 깨닫게 되면 더 이상 사용하지 않는다.'

무례함은 약한 사람이 힘이 있는 체하는 가식적인 행동입니다. 자신을 스스로 제어할 수 있는 사람이 진짜 강한 사람입니다.

오버나잇 석세스란 없다

The heights by great men reached and kept were not attained by sudden flight. But they, while their companions slept, were toiling upward in the night.

위대한 사람들이 도달하고 지켜낸 정상은 갑작스런 도약으로 이루어진 것이 아니다. 그들의 성공은 동료들이 잠자고 있을 때, 신고(辛苦)를 이겨내며 노력한 결과다.

헨리 롱펠로 H. W. Longfellow

'벼락 성공. 오버나잇 석세스(overnight success)'는 없습니다. 성공은 짧게는 몇 년, 길게는 수십 년간 비상한 각오와 창의력을 가지고 노력해야 해당 분야의 정상에 오를 수 있는 것입니다. 능력이 뛰어난 사람이 큰 인물이 되는 것이 아니라 역경과 고통을 통해 단련된 사람이 위대한 인물이 됩니다.

롱펠로는 자신의 시 〈인생찬가(A Psalm of Life)〉에서 다음과 같이 역설했습니다.

'우리의 목표는 무덤이 아니다. 인생은 결코 공허한 꿈이 아니다.'

세상을 지배하는 부드러운 힘

I don't mind living in a man's world as long as I can be a woman in it.

여자가 될 수만 있다면 남자의 세계에 사는 것도 개의치 않는다.

마릴린 먼로 Marilyn Monroe

여성성이 아름답게 발현될 때, 이를 이길 수 있는 남자는 없습니다. 이것은 가장 부드럽고 약해 보이는 물이 모든 것을 지배하는 원리이기도 합니다.

여성에게는 모성애라는 신비로운 힘이 있습니다. 아무리 강한 체하는 남자라도 운명의 한 쪽을 만나면 그녀의 품속에서 영혼의 안식처를 찾게 됩니다.

레이건 미국 대통령의 아내였던 배우 제인 와이먼은 "여자란 티백(tea bag)과 같아서 뜨거운 물에 넣기 전까지는 얼마나 강한지 알 수 없다"고 말한 적이 있습니다.

연약해 보이지만 여성의 인내는 상상을 초월합니다. 마치 오래된 느티나무가 인고의 세월을 껴안고 있다가 그 갈라진 나무 틈으로 고통을 고스란히 흘려버리는 본능적인 힘을 가지고 있습니다.

작은 일을 완벽히 하면
세상은 더 큰일을 맡긴다

*Be faithful in small things because it is in them that your
strength lies.*

사소한 것에 최선을 다하라. 왜냐하면 그 안에 당신의 강점이 있다.

마더 테레사 Mother Teresa

누구나 성과가 확연히 드러나는 일을 하고 싶지만 그런 일
을 할 수 있게 되기까지는 반드시 과정을 거쳐야 합니다. 뿐
만 아니라 그 일을 책임지고 할 수 있게 되기까지는 진입 장
벽이 높습니다.

성서의 〈누가복음〉에는 다음과 같은 구절이 있습니다.

'지극히 작은 것에 충성된 자는 큰 것에도 충성되고, 지극
히 작은 것에 불의한 자는 큰 것에도 불의하다'

작은 일을 완벽히 하면 세상은 반드시 더 큰 일을 맡깁니
다. 자신에게 맡겨진 일치고 중요하지 않은 일은 없습니다.

절대적인 권력은 타락한다

Concentrated power has always been the enemy of liberty.

집중된 권력은 항상 자유의 적이 되어왔다.

로널드 레이건 Ronald Reagan

권력이 집중되면 필연적으로 타락하고 부패하며 민중을 억압하게 되는 것이 권력의 속성입니다. 이상적인 사회나 조직은 권한이 적절히 분산되어 있고 견제와 균형이 서로 조화를 이룹니다.

대통령 재임 시 견제와 균형이 서로 조화를 이루는 정책을 많이 펼친 레이건 전 대통령의 노력을 미국 국민들이 공감했는지 갤럽의 한 조사에서 레이건 전 대통령은 19%를 득표하며 '미국인이 생각하는 가장 위대한 대통령'으로 선택되었습니다. 2위는 14%를 얻은 링컨입니다.

은행이란 빌려주었던 우산을
비 오는 날 수거하는 곳

A bank is a place that will lend you money if you can prove that you don't need it.

은행이란 돈이 필요 없다는 것을 입증해야 당신에게 돈을 빌려주는 곳이다.

밥 호프 Bob Hope

영국인들의 최고 자랑거리는 '나는 돈을 빌리지 않고 살았다'라는 말이라고 합니다. 하지만 세상을 살면서 돈을 빌리지 않고 생활할 수 있는 사람은 그리 흔치 않습니다. 은행 문턱이 많이 낮아졌다지만 대출과 관련해선 평범한 서민들에게 은행은 편한 마음으로 대할 수 있는 곳이 결코 아닙니다.

시인 로버트 프로스트는 "은행이란 맑은 날 우산을 빌려주었다가 비가 오는 날 우산을 내놓으라고 하는 곳이다"라는 말을 남겼습니다. 무라까미 하루키의 장편소설 《노르웨이의 숲》에도 은행 대출을 받기가 점점 힘이 들어 대학을 무사히 다닐 수 있을지 걱정이라는 구절이 나오는데, 지금도 여전히 그 걱정은 별로 달라지지 않았습니다.

결심한 만큼 행복하다

People are as happy as they make up their minds to be.

사람은 자신이 행복하려고 결심한 만큼 행복하다.

에이브러햄 링컨 Abraham Lincoln

'결심한 만큼 행복하다'는 말은 인간이 겪을 수 있는 온갖 고통을 체험했던 링컨의 명언입니다.

우리에게 일시적으로 기쁨을 주는 각종 소도구들이 있지만 행복을 지속적으로 느끼기 위해서는 내면적인 기쁨이 샘물처럼 솟아나지 않으면 안 됩니다. 내면적인 기쁨을 유지하기 위해서는 조건이나 상황에 얽매이지 않고 일상 속에서 삶의 의미와 행복을 매순간마다 찾도록 노력하는 것이 중요합니다. 그리스 신화에는 높은 산맥 너머에 삶의 기쁨과 따뜻한 봄을 맘껏 누리며 사는 행복한 민족이 있다는 내용이 있지만 그것은 어디까지나 신화 속의 이야기일 뿐 현실 세계에서는 인내와 굳은 의지 없이 행복을 유지할 수 있는 세상은 없습니다.

자신 있는 꽃은 낮게 피어있다

The flower that smells the sweetest is shy and lowly.

가장 달콤한 향기를 내는 꽃은 수줍고 낮게 피어 있다.

윌리엄 워즈워스 William Wordsworth

시인 워즈워스의 관찰력은 정말 대단하다는 생각을 했습니다. 그의 시 〈수선화〉는 시인의 놀라운 통찰력이 돋보이는 작품입니다. 워즈워스는 향기나 아름다움에서 다른 꽃에 뒤지는 종은 일찍 꽃망울을 터뜨리지만 스스로에게 자신 있는 꽃은 낮게 피어 있어도 벌과 나비를 쉽게 유혹할 수 있음을 관찰했습니다.

생명의 모든 현상을 인간의 잣대로만 판단하여 가볍게 여기는 일을 경계해야겠습니다.

생존의 제1법칙

Make yourself necessary to somebody.

당신을 누군가에게 필요하게 만들라.

랠프 월도 에머슨 Ralph Waldo Emerson

누군가에게 당신이 필요하다는 것은, 그에게 당신이 소중한 존재라는 뜻입니다. 직장에서 꼭 필요한 존재가 되면 일자리가 보장되고, 연인에게 꼭 필요한 사람이 되면 사랑 받습니다. 어느 모임의 자리에서도 그가 있음으로 밝은 분위기가 연출되고 다른 사람들이 소소한 일에 신경 쓰지 않아도 되는 사람이 있습니다. 그런 사람은 막상 그가 없을 때, 그의 빈자리가 유독 크게 느껴집니다.

위대한 인물들의 극적인 반전

Success is how high you bounce when you hit bottom.

성공이란 당신이 밑바닥까지 추락했을 때, 얼마나 높이 튀어오를 수 있느냐 하는 것이다.

조지 패튼 George S. Patton

위 명언은 많은 전투를 성공으로 이끈, 2차 세계대전의 영웅 패튼 장군의 말입니다. 위대한 업적을 내는 인물일수록 반전의 크기가 큽니다. 그들은 밑바닥으로 추락했을 때, 주저앉고 좌절하는 사람과는 달리 튀어오를 수 있는 에너지를 재충전하는 계기로 삼습니다.

중국의 물로카 대나무는 거의 5년 동안 겉으로는 아무런 성장의 조짐이 없다가 갑자기 25미터 이상 폭발적으로 성장한다고 합니다. 하루에 60센티미터나 자란다고 하니 놀라울 따름입니다.

쉽게 성공을 차지한 사람들을 부러워하지 말고 착실히 내공을 쌓는 데 주력하세요. 언젠가 당신에게도 폭발적인 성장의 기회가 반드시 올 것입니다.

사소한 일도 위대하게 하라

We can do no great things - only small things with great love.

우리는 위대한 일을 할 수는 없습니다 - 사소한 일을 사랑으로 할 수 있을 뿐입니다.

마더 테레사 Mother Teresa

'직장이란 평범한 사람들이 모여 비범한 일을 해내는 곳'이라는 말이 있습니다. 우리에게는 사소한 일일지라도 열의와 성의로써 비범하게 해내는 습관이 필요합니다.

각 분야의 일에서 뚜렷하게 빛을 발하는 프로들이 있습니다. 이런 사람들을 많이 육성하는 조직일수록 위대한 업적을 낼 수 있습니다. 이들의 공통점은 작고 사소한 일도 열의와 성의를 가지고 매진한 결과, 자신의 분야에서 흔들리지 않는 위치를 잡고 있으며 사회·경제적으로 자신의 능력을 인정받고 있다는 것입니다.

성공하기 직전에 닥치는
시련을 뛰어넘어라

Success seems to be largely a matter of hanging on after others have let go.

대체로 성공이란 다른 사람들이 놓아버렸을 때 포기하지 않고 매달리는 일인 듯하다.

윌리엄 페더 William Feather

　많은 사람들이 이런저런 안 되는 이유를 들며 일을 시작조차 하지 않습니다. 새로운 시작은 두려움이 수반되기 때문입니다. 또한 일을 시작한 사람들 중에도 목표에 도달하기도 전에 열정이 고갈되어 중도에 포기합니다. 그러나 세상은 성공한 사람의 말에 귀를 기울여 듣습니다. 성공의 가장 큰 보상은 내 방식이 옳았다는 걸 세상에 입증하는 것입니다. 성공을 하면, 과거에는 성공에 걸림돌이 되었던 나의 여러 가지 조건들마저 나의 성공을 빛나게 해주는 소품으로 전락합니다. 과거에는 이 소품들의 위세에 눌려 기를 펴지 못했는데 통렬한 설욕을 하게 되었으니 인생에서 이런 극적인 환희도 없을 것입니다.

우리가 세상에 온 미션은
친절을 베푸는 것

Be kind whenever possible. It is always possible.

가능하면 언제든 친절 하라. 그것은 언제나 가능하다.

달라이 라마 Dalai Lama

　친절에는 베푸는 사람의 수고가 따르지만 친절을 베푸는 사람의 마음 속 희열은 경험하지 않고는 알 수 없습니다.

　친절을 베푸는 사람의 얼굴을 한 번 떠올려 보세요. 그 평온한 표정의 의미는 스스로 이미 이 세상의 생존 조건에 부합하고도 남는다는 징표입니다. 또한 한 마디로 자신을 돌보고도 여력이 있다는 여유로움이라고도 할 수 있습니다.

　나 한 사람의 친절로 인해 세상이 좀 더 밝아진다면, 내가 세상에 온 미션은 이미 달성한 것입니다.

미약해 보이는 힘의 위력

An ant on the move does more than a dozing ox.

움직이는 개미가 조는 황소보다 더 많은 일을 해낸다.

노자 Lao Tzu

열악한 환경에서 태어난 사람들은 유리한 환경에서 태어난 그 누군가를 부러워하지만 인생을 조금 더 살다보면 자신이 그렇게 부러워하던 누군가의 유리한 환경이 오히려 독이 되고 성장에 방해가 되는 경우를 흔히 보게 됩니다. 자원도 풍부하고 기후도 좋은데 가난하게 사는 나라들은 주로 그런 이유 때문에 힘든 상황에 처해 있습니다.

당장 바꿀 수 없는 여건을 탓하기보다는 현재보다 나은 생활을 위해서 무엇을 해야 할지 생각하고 즉시 실천에 옮기는 것이 현실적인 최선의 방안입니다.

실패에서 배우다

Failure is success if we learn from it.

실패에서 배우는 것이 있다면, 실패는 성공이다.

말콤 포브스 Malcolm Forbes

　실패한 사람의 마음은 상처에 뿌려지는 소금처럼 아프고 쓰라립니다. 자책과 상실감으로 몇 날 며칠을 잠들지 못하고 밤을 새우기도 합니다. 그러나 실패했다고 해서 좌절하고 낙담하며 다시 도전하기를 포기하면 완전한 실패가 되지만 그 실패의 경험을 잘 살리면 실패는 성공의 일부가 됩니다. 실패는 부족한 점이 무엇인지를 극명하게 보여줍니다. 부족한 점을 보완하고 다시 시작하면 성공은 그 만큼 가까이에 있습니다. 실패에서 배우는 것이 있다면, 그 실패는 성공입니다.

초심을 잃지 말라

A newcomer should look for opportunities to work with the best. A request would be a compliment and possibly lead to major developments.

초보자는 최선을 다해 일할 기회를 찾아야 한다. 일의 요청을 받는 것은 자신의 능력을 인정한다는 칭찬일 수 있으며 크게 발전하는 계기가 될 수 있다.

톰 폴릭 Tom Polick

　말단의 위치에서부터 시작해 최고의 자리에 오르는 사람들의 공통적인 비결 중 하나는 초심을 잃지 않고 꾸준히 능력을 기르며 기회가 왔을 때 그것을 포착한다는 것입니다. 막상 자신에게 기회가 와도 잡지 못하는 것은 그동안 준비를 소홀히 했기 때문입니다.

　처음부터 큰일을 맡기는 경우는 없습니다. 아무리 사소한 일이라도 가능성이 보일 때 담당케 하며 작은 일을 완벽하게 처리하면 당연히 난이도가 더 높은 일이 주어집니다.

April

5월 / 지금 지옥을 지나고 있다면, 계속 가라

May

사랑이란 빚을 지고 있음을 아는 것

A true lover always feels in debt to the one he loves.

진정한 연인은 자신이 사랑하는 사람에게 항상 빚을 지고 있음을 느낀다.

랠프 속맨 Ralph W. Sockman

나 자신의 가치를 발견해준 사람에게 내 마음은 기울게 되어 있습니다. 그래서 나를 사랑하는 사람에게 늘 고마움을 느끼며, 그러한 감정이 자연스럽게 넘쳐 나와 애정을 표현하게 됩니다. 사랑이란 이처럼 '친밀함의 거래가 수시로 일어나는 일입니다.

어떤 이유로든 자신의 가치를 인정해준 사람에게는 자신의 형편이 허락하는 대로 유형·무형의 온갖 보상을 해주고 싶습니다. 사랑을 하면 무엇이든 주지 않고는 견딜 수가 없습니다.

예의는 중요하다

Life is short, but there is always time enough for courtesy.

인생이 짧기는 하지만 예의를 차릴 시간은 충분하다.

랠프 월도 에머슨 Ralph Waldo Emerson

예의는 타인을 위한 배려입니다. 결례를 할 때마다 이런저런 핑계를 대는 사람들이 있는데 결례를 범하는 일이 반복되면 그것이 본래 그의 습관이라는 것을 알 수 있습니다.

예의는 인간관계에서 불필요하고도 소모적인 갈등과 오해의 소지를 예방할 수 있는 장치이며 인간만이 누릴 수 있는 고도의 행동양식입니다. 인간은 동물과 달리 이를 통해 단결하고 그 힘으로 찬란한 문명을 건설할 수 있었습니다.

습관이 품질을 만든다

Quality is not an act, it is a habit.

품질은 행동이 아니라 습관이다.

아리스토텔레스 Aristoteles

일이 자연스럽게 몸에 밸 정도로 숙련도가 높지 못하면 우수한 품질이 확보될 수 없습니다. 제품이든 서비스든 품질과 행동이 한결같지 않으면 고객으로부터 외면 받고 경쟁력 또한 뒤처지게 됩니다.

일본의 어느 대기업이 한동안 세계의 제조업을 견인할 수 있었던 비결은 품질 제일주의를 표방하고 실천했기 때문입니다. 그러나 자만심 탓이었을까요?

고객의 사랑을 받던 품질 향상을 위한 노력을 외면하고 값싼 부품을 세계 각처에서 구매하여 사용하면서부터 한때 세계 전자제품을 주도한 그 대기업은 결국 내리막길을 걷게 되었습니다.

성공의 보상을 생각하며
조금만 더 노력하라

The difference between failure and success is doing a thing nearly right and doing a thing exactly right.

실패와 성공의 차이점은 어떤 일을 대충 하는 것과 아주 정확하게 하는 것이다.

에드워드 시몬스 Edward Simmons

　실패한 사람 역시 성공을 위해 자기 나름의 상당한 노력을 합니다. 그러나 정말 안타까운 사실은 성공했을 때는 노력의 몇 배를 보상받지만, 실패에는 언제나 비난이 따른다는 것입니다. 그야말로 대출과 저축의 차이만큼이나 정반대의 결과가 빚어집니다. 그래서 이왕 노력할거라면 조금 더 노력해서 완벽을 기하는 편이 좋습니다. 사람들은 '빨리 그린 발 달린 뱀'을 원하는 것이 아니라 '제대로 그린 뱀'을 기억합니다. 어떤 일이든 완벽하게 마무리하는 습관을 길러보세요. 세상은 반드시 충분한 보상으로 답할 것입니다.

지금 지옥을 지나고 있다면,
계속 가라

However long the night, the dawn will break.

밤이 아무리 길어도 동은 트게 마련이다.

아프리카 속담

    고통을 겪을 때는 그 고통이 한없이 이어질 것 같은 느낌에 사로잡힙니다. 하지만 희망을 품고 지금의 고통을 견디다 보면, 그 어떤 고통 또한 지금까지 그래왔듯 곧 지나갈 것입니다. 인생에는 반드시 반전이 있기 때문입니다.

    윈스턴 처칠은 다음과 같이 말했습니다.

    "지금 당신이 지옥을 지나고 있다면, 계속 가라"

    자동차들이 온갖 매연을 쏟아내고 굉음을 내며 오고갈지라도 묵묵히 도로의 한 구석에서 마침내 찬란한 꽃들을 피워내는 저 들꽃의 아름다운 인내를 배워야 합니다.

기억될 만한 일을 하라

One lives in the hopes of becoming a memory.

사람이란 기억되고자 하는 희망을 가지고 살아간다.

안토니오 포치아 Antonio Porchia

사람의 인생이 단순히 생존하는 것이 목표라면 우리는 그토록 열심히 일하지 않아도 될 것입니다. 하지만 사람은 자신의 분야에서 두각을 나타내고 명성을 남기려는 열망이 있기에 열정을 가지고 일합니다.

세상의 주목을 받으며 혜성처럼 나타났다가 사라지는 연예계 스타들은 물론이고 보통사람들도 자신이 세상으로부터 잊히는 것을 두려워합니다. 또한 그런 상황을 예방하기 위해 최선을 다합니다. 이러한 강력한 희망의 에너지를 많은 사람들이 발산할수록 인류문명에도 큰 도움이 됩니다.

위대한 발견도 작은 것에서 출발한다

Discovery is the ability to be puzzled by simple things.

발견이란 단순한 일들에도 어리둥절해 하는 것이다.

노암 촘스키 Noam Chomsky

단순한 발견이 단초가 되어 큰 발견으로 이어지는 사례는 흔히 있습니다. 사소한 일에도 의문을 가지고 끊임없이 궁금해 하고, 작은 발견에도 환희의 기쁨에 전율하는 습관이야말로 위대한 발견으로 향하는 지름길입니다. 점진적인 기술의 진보를 통해 깜짝 놀랄 신기술이 완성되는 세상입니다.

좋은 친구란 보험과도 같은 존재다

A friend is someone who knows all about you and still loves you.

친구란 당신에 대해 모든 것을 알면서도 여전히 당신을 사랑하는 사람이다.

엘버트 허버드 Elbert Hubbard

친구의 부당한 행동에도 무조건 눈감아 주는 친구는 진정한 친구가 아닙니다. 친구는 인간적인 약점을 지니고 있지만 그럼에도 불구하고 그러한 단점을 이해하고 사랑하는 사람입니다. 좋은 친구는 인생의 보험 같은 존재로 위기가 닥쳤을 때 서로 마음을 기댈 수 있습니다.

배우 게리 쿠퍼는 "내 인생에서 자랑스럽게 생각하는 유일한 성과는 내가 하는 일의 분야에서 좋은 친구들을 많이 사귄 것이다'고 말을 했습니다. 친구는 명성보다 중요한 존재입니다.

생명은 소중하다

A thing is not necessarily true because a man dies for it.

무엇을 위해 기꺼이 목숨까지 바친다고 해서, 그것이 꼭 진리는 아니다.

오스카 와일드 Oscar Wilde

정의를 위해 목숨을 바치는 것은 참으로 고귀한 희생입니다. 하지만 그릇된 신념으로 인해 소중한 생명이 스러지는 소식을 우리는 종종 듣습니다. 정말 안타까운 일이 아닐 수 없습니다. 특히 종교적 갈등이 많은 지역에서 자신들과 신앙이 다르다는 이유로 무자비한 살상이 벌어지거나 자살폭탄 테러를 감행하는 일이 있는데 이는 인류의 가슴에 지울 수 없는 상처를 남깁니다. 사람의 목숨보다 소중한 것은 적어도 이 행성에서는 찾을 수 없습니다.

부자가 될수록 두려움도 커진다

Fear of death increases in exact proportion to increase in wealth.

죽음에 대한 두려움은 부(富)가 증가하는 것과 정확히 같은 비율로 증가한다.

어니스트 헤밍웨이 Ernest Hemingway

죽음의 두려움은 부(富)의 크기가 클수록 커집니다. 이러한 두려움은 자신의 존재가치를 한껏 높여 주었던 명예 역시 같습니다. 부와 명예에 대한 애착이 크기 때문에 죽음에 대한 두려움 또한 큰 것입니다.

헤밍웨이는 자신의 소설 《무기여 잘 있거라》에서 '잃을 게 없다면 인생이 그리 버겁지 않을 것'이라는 글을 남겼습니다.

죽음이란 인간에게 불가피한 것입니다. 그러나 뜻하지 않은 갑작스런 죽음을 경계하고 매사 신중하게 자신에게 주어진 삶을 살아내고, 자신의 죽음을 스스로 준비하는 삶이 인간으로 태어난 사명을 완수하는 인생이 될 것입니다.

결혼을 유지하는 힘은 사랑보다 우정이다

It is not a lack of love, but a lack of friendship that makes unhappy marriages.

결혼을 불행하게 하는 것은 사랑이 결핍되어서가 아니라 우정이 부족해서다.

프리드리히 니체 Friedrich Nietzsche

위의 말은 자신이 사모하던 루 살로메에게 구혼을 했다가 실패하는 등 평탄치 않은 연애 경험을 한 니체가 자기주변의 결혼한 사람들을 관찰한 후, 얻은 결론입니다. 부부는 연인인 동시에 친구가 되어야 합니다. 친구란 격의 없고 임의로운 사이를 뜻하지만 본래 서로 다른 환경에서 만났으므로 예의를 지키는 것이 관계를 유지하는 비결입니다.

필자 또한 지금까지의 인생에서 스스로 깨달은 결론은, 배우자에게 자유를 주어야 오히려 사랑과 신뢰가 깊어진다는 것입니다. 한편 남자의 입장에서 결혼의 최대 장점은 법적으로 인정된 여자 친구를 가질 수 있다는 것입니다. 자신의 숨기고 싶은 일들과 속마음까지도 이해해 주는 사실상 세상에서 유일한 사람이 아내입니다.

중립은 비겁하다

The hottest places in hell are reserved for those who, in time of great moral crisis, maintain their neutrality.

지옥에서 가장 뜨거운 곳은 커다란 도덕적 위기의 시대에 중립을 유지하는 사람들을 위해 예약되어 있다.

단테 Dante

울타리 위에 앉아(sit on the fence) 상황에 따라 유리한 곳으로 뛰어내리려하다가는 양쪽에서 총탄을 맞을 수 있습니다. 맹목적인 선명성이 유일한 길은 아니지만 대개 기회주의자의 결말은 아름답지 못합니다. 특히 많은 사람에게 영향력을 가지고 있으면서도 일부의 비난과 오해를 피하기 위해 앞으로 나서지 않는 사람은 반성해야 합니다. 왜냐하면 사회가 그에게 허락해 준 존경과 감사를 저버리는 태도이기 때문입니다. 존경과 특혜에는 사회적인 의무가 따릅니다.

냉엄한 국제질서

No nation has friends only interests.

우방이란 없고 이해관계만 있을 뿐이다.

샤를르 드골 Charles de Gaulle

이 말은 프랑스의 대통령 드골이 실전외교를 통해 얻은 결론으로 보입니다. 실제로 냉엄한 국제질서가 그렇습니다. 분명 비인도적인 살육이 자행되는데도 국가 간의 이해관계 때문에 유엔의 제재(sanction)에 거부권을 행사하는 상임이사국도 있습니다.

구한말 일본 총리 가스라 다로와 미국 육군 장관 태프트의 밀약으로 통한의 일격을 당한 고종과 대한제국의 그때 그 운명을 생각하면 후손으로서 가슴이 아픕니다. 영원한 우방도, 영원한 동지도 없는 것이 국제관계라 할 수 있습니다.

어제의 동지가 적으로 바뀌는 일은 비단 국가 간에서만 벌어지는 일이 아닙니다. 우리가 살고 있는 사회에서도 흔히 일어나고 있습니다.

고통의 유익함

Pain makes man think. Thinking makes man wise. Wisdom makes life endurable.

고통은 사람으로 하여금 생각하게 하고, 생각은 사람을 현명하게 한다. 현명하면 인생이 견딜만하게 된다.

존 패트릭 John Patrick

도올 김용옥은 30년 이상을 관절염으로 고생했다고 하는데 그는 자신의 저서 《노자와 21세기》에서 자신의 심신을 괴롭힌 관절염이야말로 인생의 낙관과 비관, 통찰과 영감의 원천이라고 밝힌 바 있습니다.

'육체의 가시(thorn in one's flesh)'는 잘 승화하면 '위대한 영감(inspiration)'의 토대가 됩니다. 고통이 극한에 이르면 모든 것이 전도되고 논리도 사멸합니다. 이런 카오스(Chaos)는 모든 진리가 재편되고 새로운 사상이 잉태되는 토양과 환경을 제공합니다. 지금보다 인간의 삶이 훨씬 힘들고 고통스러웠던 옛날에 위대한 사상가가 많이 나올 수 있었던 것은 격동과 환란의 시기일수록 지혜를 사용할 기회가 많았기 때문입니다.

괴짜가 일을 낸다

Be nice to nerds. Chances are you'll end up working for one.
괴짜들에게 잘 대해주라. 언젠가 그들을 위해 일하게 될 수도 있다.

빌 게이츠 Bill Gates

대부분의 평범한 사람들이 사회의 구성을 이루고 있으며 또한 그들이 자신들에게 주어진 일을 하며 살아감으로써 세상은 평온하게 유지됩니다. 하지만 그들이 세상을 깜짝 놀라게 할 일을 하는 경우는 매우 드뭅니다. 필자가 경험한 바로는 위대한 발명의 내면에는 대개 그것에 미친(?) 괴짜천재가 있었습니다. 그들은 무모하다는 생각이 들 정도로 놀라운 집중력을 보입니다. 필자가 알고 있는 한 위대한 발명 뒤에는 꼭 그런 괴짜천재가 우리의 미래를 선도하는 일에 존재하고 있었습니다.

이성의 회복은 곧 인류의 행복

I can calculate the motion of heavenly bodies, but not the madeness of people.

나는 천체의 움직임은 계산할 수 있어도 사람들의 광기는 헤아릴 수가 없다.

아이작 뉴턴 Isaac Newton

잘못된 종교적 믿음이나 인종적 편견으로 빚어진 인간의 광기는 인류사의 어두운 단면입니다. 이러한 편견과 광기는 소통의 부족에서 오는 극단적 행동일 경우가 많습니다. 지구 행성 곳곳엔 아직도 이런 오해가 완전히 해소되지 않았기 때문에 고통을 받는 사람들이 많습니다. 이런 와중에도 월드컵 축구, 올림픽 등의 세계인의 축제가 이어져 인류의 결속을 다지는 경험(bonding experience)을 공유하는 것은 얼마나 다행한 일인지 모릅니다.

지구 절멸(extinct level)의 위기에 도달하기 전에 인류 간의 유대감을 공고히 해두어야 미래에 정말 힘든 시기가 올지라도 지구 행성의 온 인류가 한마음으로 공동으로 대처할 수 있습니다.

무관심은 절대 고독에 이르는 길

There is only one thing in the world that is worse than being talked about, and that is not being talked about.

사람들의 입에 오르내리는 것보다 더 나쁜 일은, 아예 입에 오르내리는 일조차 없는 것이다.

오스카 와일드 Oscar Wilde

위의 말은 아일랜드의 시인이자 극작가 오스카 와일드 (Oscar Wilde)가 한 말입니다. 그에게는 이런 배포가 있었기 에 본국인 영국에서 별다른 주목을 받지 못하자 그는 미국으 로 강연을 가면서 말했습니다. "내가 세관에 신고할 것이라고 는 나의 천재성뿐(only my genius)이다."

사람들의 관심과 인기를 먹고 사는 사람뿐 아니라 우리에 게도 뜻하지 않게 사람들의 입에 오르내리는 구설수에 올라 괴로움을 당하는 일이 종종 발생합니다. 가능하면 그런 빌미 를 주지 않는 것이 좋겠으나 불가피할 때는 그런 자신의 구설 수에 대해서 무관심하기보다는 관심을 받는 편이 차라리 낫 다는 자세로 임하면 그 시기를 수월하게 극복할 수 있습니다.

행동하는 도덕적 용기

The world is a dangerous place to live, not because of the people who are evil, but because of the people who don't do anything about it.

세상이 위험한 곳이라는 것은 사람들의 사악함 때문이 아니라 위험한데도 아무것도 하지 않는 사람들 때문에 그런 곳이다.

알버트 아인슈타인 Albert Einstein

사악한 사람들은 이전에도 존재했고 또한 지금도 존재하며 인류에 해악을 끼칩니다. 그러나 모든 사람의 두뇌에 특별한 장치를 해서 행동을 완벽하게 통제하는 세상이 도래하지 않는 한, 세상에 해악을 끼치는 사람들을 완전히 제거할 수는 없을 것입니다. 따라서 이들에 맞서 용기 있게 대응하는 사람들이 반드시 필요합니다.

대중의 존경을 받는 위인의 기준이 정치가나 전쟁 영웅 등에서 인류가 당면하고 있는 문제에 적극적으로 나서서 활동하는 사람으로 바뀌고 있습니다. 지금은 행동하는 도덕적 용기가 인류사회를 지탱하는 시대입니다.

불신은 파멸을 부른다

We have to distrust each other. It is our only defense against betrayal.

우리는 서로 불신해야 한다. 그게 배신에 대한 유일한 방어책이다.

테네시 윌리엄스 Tennessee Williams

　만일의 경우에 대비해 의심과 경계의 끈을 놓치지 않아야 할 때도 있겠으나 서로를 불신하는 관계는 결국 파멸을 부릅니다.

　사람을 불신하는 마음을 가지고 살거나 결별이 두려워 사랑을 하지 못하겠다는 사람이 있습니다. 하지만 무용수는 무대에 올라 사람들 앞에서 춤을 추지 않을 수 없습니다. 관객은 무용수가 실수를 하더라도 격려의 박수를 보내주어야 하며 무용수는 두렵더라도 인간의 본성을 믿고 춤을 추어야 합니다.

싸우지 않고 이기는 것이 최선

Tact is art of making a point without making an enemy.

전술이란 적을 만들지 않고도 자신의 주장을 관철하는 것이다.

아이작 뉴턴 Isaac Newton

병법의 최고봉이라 할 수 있는 《손자병법》에는 '전술은 물과 같다'는 말이 있습니다. 상대방의 세(勢)와 형편에 따라 전략적 대응이 중요하다는 의미로 생각할 수 있습니다. 이러한 전술적 재능은 타고난 것이라기보다는 훈련과 경험을 통해 이루어집니다. 토론하고 협상해야할 일이 많아진 요즘에는 이런 상황에 대처할 전문가 양성이 시급하고도 중요한 일입니다.

탁월한 전술적 재능이란, 원하는 바를 얻어내면서도 자신의 입지가 흔들리지 않는 기술입니다. 이러한 능력이야말로 진정한 협상력이며 개인이든 국가든 익혀야 할 재능입니다.

이런 일이 생길 줄 알았지

I knew if I stayed around long enough, something like this would happen.

내 오래 살다보면 이런 일이 생길 줄 알았지.

조지 버나드 쇼 George Bernard Shaw

버나드 쇼의 묘비(epitaph)에 씌어 있는 것으로 알려져 유명해진 이 말이 우리나라에서는 '우물쭈물하다가 언젠가는 내 이럴 줄 알았다.'라는 말로 번역되어 일상에서도 무수히 인용되고 있습니다. 하지만 보다 정확한 뜻은 '내 오래 살다보면 이런 일이 생길 줄 알았지.'입니다.

인간이라면 누구나 불가피하게 맞는 죽음에 대해, 94세의 나이로 당시로서는 정말 장수를 했으며 최고의 명성을 누릴 정도로 자신의 인생을 충실히 살았던 버나드 쇼도 한편으로는 삶을 더 뜻있게 보내지 못했다는 회한을 느낄 정도이니 보통 사람들이 인생의 종착역 지점쯤 왔을 때 얼마나 큰 후회를 하게 될 것인지, 가늠조차 되지 않습니다.

올라갈 때가 있으면 내려갈 때도 있다

Be nice to people on your way up because you meet them on your way down.

당신이 올라가면서 만나는 사람들을 잘 대해주라. 왜냐하면 당신이 내려갈 때 그들을 만나기 때문이다.

지미 듀랜트 Jimmy Durante

누구나 승승장구할 때는 자신은 지금의 위치에서 내려갈 일이 없을 것이라고 생각합니다. 하지만 누구도 예외 없이 결국은 내리막길을 걷게 됩니다. 내리막길을 허둥거리며 내려가면서 어젠가 자신이 무시했을지도 모르는 사람들을 만나게 될 것이므로, 지금 남보다 좀 더 성공하고 부유하게 살지라도 교만함이나 헛된 위세로 사람들에게 마음의 상처를 주어서는 안 됩니다. 겸손하지 않으면 나중에 물러날 때 심리적 타격이 큽니다.

장애물이란

Obstacles are those frightful things you see when you take your eyes off your goal.

장애물이란 당신의 눈이 목표로부터 벗어났을 때 보게 되는 무서운 것이다.

헨리 포드 Henry Ford

인간의 의지란 한없이 약한 것이어서 외부의 사소한 자극이나 부정적인 언급에도 흔들리고 좌절하기 쉽습니다. 반복적으로 자신의 심지를 굳건히 해야 도중에 중단하지 않고 목표를 향해 나아갈 수 있습니다.

내 눈을 의심할 정도의 높은 곳에서 외줄 한 가닥에 의지하여 공중곡예 공연을 하는 중국 서커스단의 비결이 여기에 있습니다. 그들이 훈련을 통해 가장 노력을 하는 것은 집중력을 키우는 것입니다. 우리 또한 인생의 목표에서 벗어나지 않도록 끊임없는 마음의 훈련이 필요합니다.

유일한 것을 찾는 심리

People will buy anything that is 'one to a customer'

사람들은 '당신(고객)에게만 유일한 것'이라고 하면 무엇이든 살 것이다.

싱클레어 루이스 Sinclair Lewis

명품은 마치 자신만을 위해 존재한다는 느낌을 갖게 합니다. 엄청난 고가의 물건임에도 불구하고 우리나라에서 명품관이 번성하는 이유입니다. 명불허전(名不虛傳), 명성에는 이유가 있듯이 명품이 대체로 뛰어난 가치를 갖기는 하지만 아무리 명품이라 해도 대가를 치를 합당한 가치가 있는지 냉정히 살펴보아야 합니다. 우리나라에 수입되는 소위 명품이라는 제품들은 대체로 거품이 심하며 특히 수입되면서 유통마진이 상도를 벗어난 경우가 많습니다. 힘들게 번 돈이 무가치하게 소비되지 않도록 명품 앞에서 다시 한 번 깊이 생각하는 당신이 되길 바랍니다.

플랜B도 가져라

The majority of men meet with failure because of their lack of persistence in creating new plans to take the place of those which fail.

대부분의 사람들은 실패한 계획을 대신할 새로운 계획을 만들어내는 끈기가 없으므로 실패한다.

나폴레온 힐 Napoleon Hill

큰 성공을 거둔 사업가라고 해서 계획대로 항상 성공만 하는 것은 아닙니다. 그들의 공통점은 실패할 경우에 대비한 플랜B를 가지고 만일의 경우에도 대비한다는 것입니다.

외국의 어느 변호사가 성공한 백 명의 사람에게 두 가지 질문을 했다고 합니다. 일을 시작할 때 구체적인 목표가 있었느냐는 질문에 단지 다섯 명만이 "그렇다"고 대답했으며, 성공하리라는 확신이 있었느냐는 물음에 무려 95명이 "그렇지 않다"는 대답을 했다고 합니다. 이 사례는 구체적인 목표나 확신도 중요하지만 일에 착수하고 상황에 맞게 자신의 목표를 수정하고 부족한 부분은 보완하면서 꾸준히 추진하는 것이 성공의 확률을 무한히 높인다는 것을 보여줍니다.

자주 보는 사물은 놀라움을 주지 않는다

Love is being stupid together.

사랑이란 함께 멍청해지는 것이다.

폴 발레리 Paul Valery

　사랑의 가장 큰 장애는 단조로움입니다. 프랑스의 사상가 파스칼이 쓴 《팡세》의 내용 중에는 '그가 자주 보는 사물은 그에게 놀라움을 주지 않는다'는 말이 나옵니다. 사랑하는 연인 사이도 초기에는 권태로울 여력이 없을 정도로 상대에게 집중하지만 매번 같은 사람과 정형화된 데이트 코스를 견디기란 생각보다 쉽지 않습니다. 사랑도 관계가 지속될수록 단조로운 생활이 습관이 되고, 습관이 되면 서로 감흥(感興)을 잃게 되는 것이 자연스러운 수순입니다. 특히 연인사이에 잔소리가 느는 시점이 오면 결혼하든지 헤어지든지 결정을 할 시기입니다.

시간의 활용

Time is the scarest resource and unless it is managed nothing else can be managed.

시간은 극히 희귀한 자원이므로 관리되지 않으면 그 무엇도 관리될 수 없다.

피터 드러커 Peter Drucker

성공한 사람과 그렇지 않은 사람을 분류하는 기준은 시간의 활용여부입니다. 누구에게나 시간은 한정되어 있습니다. 성공하는 사람도 시간이 부족하기는 마찬가지입니다. 그들도 역시 일상적으로 처리해야 할 일, 상대해야만 하는 사람들이 있습니다. 그럼에도 그들은 자신의 발전을 위해서는 어떻게든 시간을 만들어냅니다. 회사의 경영 또한 정해진 시간 내에 가용한 자원을 최대한 활용해 원하는 결과를 내는 기술입니다. 기업이나 개인의 격차는 결국 시간 활용 능력의 차이에서 비롯됩니다.

사업은 전쟁보다 힘들다

Business is a combination of war and sports.

사업이란 전쟁과 스포츠를 합친 것이다.

앙드레 모로아 Andre Maurois

사업에는 경쟁하는 기업이 늘 존재하며 다른 기업과의 경쟁에서 이기기 위해서는 판촉(전략)이 필요하며 판매(전투)가 끊임없이 이루어져야 합니다. 사업에도 스포츠처럼 게임의 룰(규정)이 있고 심판(정부)도 있습니다.

큰 사업을 이루기 위해 사업가는 사실상 목숨을 내놓고 매진합니다. 사업통계가 말해주듯이, 그렇게 사업을 해도 성공할 확률은 그리 높지 않습니다. 그럼에도 많은 사람들이 꿈을 가지고 사업에 뛰어드는 것은 사업은 전쟁보다도 극적인데다 정신적·경제적 보상이 크기 때문입니다. 사업은 이겨야만 막대한 전리품을 챙기는 게임입니다.

천천히 그러나 쉬지 말고

Be not afraid of going slowly; be only afraid of standing still.

천천히 가는 것을 두려워하지 말라; 멈춰 있는 것을 두려워하라.

중국 속담

누구나 빨리 가기를 원하지만 여건과 상황이 마음과 달리 여의치 않을 때가 있습니다. 상황이 그럴지라도 멈추지 말고 계속 걷는 것이 중요합니다. 빨리 달리기로 한 번에 만회하려 다가는 지치거나, 급한 마음에 기회를 미처 보지 못할 수 있습니다.

하이킹을 하다 보면 한 걸음은 얼마 되지 않지만 몇 분만 걸어도 꽤 먼 거리에 이르게 됩니다. 내가 걸음을 잠시 멈추고 쉬고 있는 동안에 상대는 이미 목적지에서 여장을 풀고 있을지도 모릅니다. 한 발자국 한 발자국은 우리의 상상보다 훨씬 더 먼 곳으로 우리를 인도합니다.

희망을 품고 반전을 기다리라

You have to have a darkness...for the dawn to come.

동이 트기 위해서는 어둠이 있어야 한다.

해리슨 포드 Harrison Ford

해리슨 포드, 그는 누구나 알아주는 정상급 배우지만 그 또한 한 때 배우로서 생계가 여의치 않자 독학으로 목수 기술을 익혀 생계를 유지한 적이 있습니다.

1905년 베른 대학교에 제출한 박사학위 논문이 너무 공상적이라며 거절당한 젊은이가 있었으니 그가 바로 세계적인 물리학자 알버트 아인슈타인입니다.

조지 버나드 쇼가 출판사에 기고한 다섯 편의 소설은 모두 거절당합니다. 거절의 아픔은 겪은 그는 결국 노벨 문학상을 수상합니다.

해는 어둠을 지나 찬란하게 떠오르는 법입니다.

사랑과 평화는 영원한 것

*If someone thinks that love and peace is a cliche that must
have been left behind in the Sixties, that's his problem. Love and
peace are eternal.*

**사랑과 평화가 60년대에나 남아 있어야 할 상투적인 표현이라고 생각하
는 사람이 있다면 그건 그의 문제다. 사랑과 평화는 영원한 것이다.**

존 레논 John Lennon

사랑과 평화는 인류의 영원한 보편적 가치가 되어야 합니
다. 이 두 가지 가치가 오늘날까지 인류를 존재하게 한 원동
력입니다.

세계는 정치인의 그릇된 신념이나 망상, 야심 때문에 때로
잔혹한 전쟁이 일어나 수많은 인명이 살상되기도 했지만 그
래도 인류가 존속할 수 있었던 것은, 인류를 위해 묵묵히 희
생하는 알려지지 않은 영웅들이 있었기 때문입니다.

'Imagine'이라는 존 레논의 대표곡 속에는 세상이 추구하
는 가치가 함축되어 있습니다.

May

June

6월 / 버려야 새로운 것을 얻는다

한 시간도 아끼던 다윈에게 배우다

A man who dares to waste one hour of time has not discovered the value of life.

한 시간이라도 감히 낭비하려는 사람은 인생의 가치를 발견하지 못한 사람이다.

찰스 다윈 Charles Darwin

다윈은 잠시의 시간도 허투루 소비하는 일이 없는 정확한 시간관념이 있었기에 '진화론'을 개척해 인류사에 위대한 업적을 남길 수 있었습니다.

절대로 늘 일만 하라는 뜻은 아닙니다. 휴식을 하든, 즐거운 일을 하든, 어떤 일을 하든지 생각을 가지고 시간을 현명하게 소비하라는 것입니다. 사람들은 버릇처럼 시간이 없다고 투덜거리지만 막상 시간이 주어져도 제대로 사용할 줄 아는 사람이 의외로 많지 않습니다. 무슨 일을 하기 전에 그 시간을 어떻게 활용할 것인지 미리 계획하지 않기 때문입니다.

버려야 새 것을 얻는다

인생의 모든 예술은 보낼 것과 잡아야 할 것을 멋지게 혼합하는 것이다.

헨리 엘리스 Henry Ellis

'가야 할 때를 아는 사람의 뒷모습은 얼마나 아름다운가!'

이 말은 필자가 언젠가 시집을 읽다 마음에 새긴 구절입니다. 물건을 예를 들어 본다면, 버릴 것을 제때 버리지 못하고 정리하지 않으면 온갖 잡동사니의 반격을 받게 됩니다. 그렇게 지난 물건들을 정리하다보면 그 중엔 간직해야겠다고 반갑게 마음을 사로잡는 것도 가끔 있습니다.

사람들과의 인연도 마찬가지입니다. 왠지 인연이 아닌 것 같은 사람이 있습니다. 부담스런 마음을 지니고 무리하게 인연을 이어가면 고통스런 결별은 예정된 수순입니다.

자연스런 이별을 계획하세요. 보내야 새로운 것을 얻습니다.

열악한 여건도 감사하라

I thank fate for having made me born poor. Poverty taught me the true value of the gifts useful to life.

나는 가난하게 태어난 숙명에 감사한다. 가난은 내게 인생의 유용한, 천부적 재능의 진정한 가치를 나에게 가르쳐 주었다.

아나톨 프랑스 Anatole France

좋은 환경에서 태어나지 못한 것에 절망하는 젊은이가 많은 것 같습니다. 그러나 모든 여건이 좋으면 더 크게 성공할 것 같지만 그렇지만은 않습니다. 명품 와인의 유일한 재료인 포도를 키우는 토양과 기후는 의외로 척박하고 변덕스럽습니다. 강수량이 충분하고 일조량도 많으며 토양도 비옥하면 포도나무는 열매보다는 가지와 잎을 키우는 데 주력하기 때문입니다.

사람들은 대개 자신의 삶이 무탈하기를 원하고 또 대부분은 그럭저럭 일상을 유지하며 살고 있지만 이는 운명이 우리에게 아무런 관심이 없을 때 일어나는 현상입니다. 하는 일마다 꼬이는 것은 운명이 강하게 우리의 인생에 개입하고 있다는 명백한 증거입니다. 과거의 불운과 대비시켜 극한의 즐거움을 주고 최선의 것을 예비하려는 운명적 전략입니다.

행동은 마음의 거울

I have always thought the actions of men the best interpreters of their thoughts.

나는 사람의 행동이야말로 그들의 사상을 가장 충실히 반영한다고 생각해 왔다.

존 로크 John Locke

사람은 말을 통해 자신의 생각을 표출하지만, 인간이 사회적 동물로서 생활하기 위해 고안해낸 언어는 역으로 자신의 의도를 숨기는 도구로도 이용되는 경우가 흔합니다. 처음 만난 사람도 십 분 안에 평균 세 가지 거짓말을 한다는 말이 있습니다.

누군가의 본심을 알려면 말보다는 그의 행동을 유심히 지켜보세요. 말과 다르게 습관이 된 행동은 거짓말을 할 줄 모릅니다. 다른 사람의 눈을 잠시 속일 수는 있어도 지속될 순 없습니다. 습관화된 행동은 곧 그 사람의 진면목을 보여줄 것입니다.

당신의 마음 안에 자리 잡은 그 누군가에게 사랑한다는 형식적인 말보다 그의 뒷모습에서 그의 마음을 헤아려 보세요.

사랑에서 가장 힘든 일

The hardest thing to do is watch the one you love, love someone else.

가장 힘든 일은 당신이 사랑하는 이가 다른 사람을 사랑하는 걸 지켜보는 것이다.

시인 예이츠는 자신의 마음을 사로잡은 여성 모드 곤에게 네 번이나 청혼하지만 그녀는 예이츠의 청혼을 모두 거절하고 야속하게도 다른 남자와 결혼해 버립니다. 그로 인해 예이츠는 창자가 끊어질듯 한 괴로움, 즉 단장(斷腸)의 고통을 받습니다. 그러나 예이츠는 그 고통을 승화해 시작(詩作)에 정진한 결과 58세에 노벨 문학상을 수상하고 그보다 앞선 51세 때에는 25세의 여성에게 청혼해 승낙을 얻어냅니다. 그는 사람들의 우려에도 불구하고 행복한 결혼생활을 합니다. 반면 모드 곤은 결혼한 뒤 일 년 만에 파경에 이르고 나중에는 약물중독에 시달리는 등 순탄치 못한 생활을 합니다.

마음속 깊이 누군가를 사랑하고 있다면 우선적으로 고려해야 할 것은 그 사람의 자유의지입니다. 억지로 붙들어둔들 결국 본래의 길을 찾아가기 마련이기에 내 사랑이 아니라면 쿨하게 놓아 주는 것이 서로를 위한 최선입니다.

나쁜 남자가 필요한 이유

A woman has got to love a bad man once or twice in her life to be thankful for a good one.

여자는 좋은 남자에 대해 감사하기 위해서라도 일생에 한두 번은 나쁜 남자를 사랑해 봐야 한다.

메이 웨스트 Mae West

나쁜 남자에 빠져드는 여자들의 심리에 대해 유전학적인 연구결과가 최근에 발표되었습니다.

'나쁜 남자란 파렴치한 사람이 아니라 자신의 개인적 취향과 도락이 우선인 사람을 뜻한다. 이들은 철저히 이기적 유전자로 구성되어 있기 때문에 자신이 모든 일을 솔선하여 박력 있게 추진하는 경향이 있다. 여자는 그런 모습에 호감을 느낀다. 하지만 문제는 그 남자의 행동은 여자를 위해서가 아니라 자기가 좋아하는 것을 하는 것이다.'

좋은 남자, 착한 남자가 얼마나 소중한 존재인가는 나쁜 남자를 만나봐야 깨달을 수 있습니다.

사랑은 용기를 필요로 한다

The bravest thing that men do is love women.

남자들이 하는 가장 용감한 일은 여자를 사랑하는 것이다.

모트 살 Mort Sahl

여자를 사랑한다는 것은 결국 그녀의 세계에 원정을 가는 일입니다. 인간의 힘으로는 변화무쌍한 날씨를 정복할 수 없듯이, 여자의 마음을 지배한다는 것은 크나큰 모험이며 용기 있는 남자만이 감행할 수 있는 일입니다.

필자는 가끔 여성이야말로 천지창조 가운데 가장 위대하고도 흥미로운 창조물로서, 탐험 대상 중 최고의 걸작이 아닐까 하는 생각을 합니다. 더불어 남자는 그저 복제를 도와주는 능력이 고작인 나무토막에 불과하다는 생각이 들 때가 있습니다.

원활한 소통의 비결

Think like a wise man but communicate in the language of the people.

현자(賢者)처럼 생각하되 소통은 보통 사람들의 언어로 하라.

윌리엄 B. 예이츠 William B. Yeats

　　소통을 가로막는 한 가지 큰 장애는 이해하기 어려운 난해한 용어(jargon)나 표현을 사용하는 것입니다. 진정한 소통을 위해서는 상대에 맞는 언어를 사용해야 합니다. 어린이들과의 소통을 위해서는 그들의 눈높이와 입장에서 생각해야하고, 젊은이들을 이해하기 위해서는 그들의 문화와 언어 그리고 그들의 고민을 알아야 합니다.

　　회사에서도 비상상황이 아니라면 주요 결정에 따른 배경을 잘 설명하고 일을 추진해야 직원의 힘이 결집되어 원하는 결과를 낼 수 있습니다. 시스템이 잘 갖춰진 회사에서는 커뮤니케이션 미팅을 통해 노사 간의 직접 대화를 정기적으로 실시하고 있습니다.

도전하면 인생이 즐겁다

It's kind of fun to do the impossible.

불가능한 일을 하는 것은 일종의 재미다.

월트 디즈니 Walt Disney

주위의 반대가 심할수록 일을 추진하기로 유명했던 월트 디즈니.

그가 가난한 예술가에서 엄청난 부와 명예를 얻은 비결은 역발상에 있었습니다. 많은 사람이 가는 길이 좀 더 안전하긴 하지만 그 길의 끝에 큰 성공이 존재하지 않는다는 것을 그는 간파했던 것 같습니다. 또한 그는 좀처럼 사람들이 가기를 두려워하는 좁고 협착한 길의 끝에 눈부신 성공이 자신을 포용할 자세로 기다리고 있다는 믿음이 있었습니다. 자신을 기다리고 있는 성공이라는 운명이, 남들이 선택하지 않은 길을 걸어온 용기가 가상하다며 자신의 어깨를 다독여줄 그 무엇이 기다리고 있다는 것을….

타인의 장점을 인정하라

I always try to believe the best of everybody – it saves so much trouble.

나는 항상 사람들의 가장 좋은 점을 믿으려 노력한다. 그러면 골칫거리를 아주 많이 줄일 수 있다.

러디어드 키플링 Rudyard Kipling

인간의 내면엔 장점과 단점이 공존하는데, 어느 쪽을 육성하느냐에 따라 선인과 악인으로 나뉘게 됩니다. 그러므로 당신이 인간관계를 통해 만나게 된 누군가의 장점을 인정하고 격려함으로써 당신은 그의 마음속에 선인으로 자리 잡게 됩니다. 이러한 습성은 동물뿐만이 아니라 식물도 관심을 보이면 성장이 촉진되고 칭찬하면 호응합니다.

자신이 마음을 기울인 사람에게 간혹 속거나 실망하는 일이 생길지라도 끝까지 신뢰하면 대부분 그에 대한 보답은 반드시 돌아옵니다.

외형을 가꾸면서 실속도 다지자

Everything will line up perfectly when knowing and living the truth becomes more important than looking good.

진실을 알고 진실에 맞추어 사는 것이 그저 좋아 보이는 것보다 더 중요해질 때, 모든 것은 제대로 질서가 잡힐 것이다.

앨런 코헨 Alan Cohen

'난 부자 든 거지'라는 말이 예로부터 전해져 오는 것을 보면, 실속은 없으면서 큰소리치거나 허세를 부리는 사람은 어느 시대에나 항상 있었던 것 같습니다.

외적인 모습에 지나치게 신경을 쓰는 것은 대개 내실을 갖출 형편과 여력이 없는 사람인 경우가 많습니다. 모든 것이 급속도로 변하는데 이를 따라가기가 벅차니 우선 임시방편으로 자신의 모습을 위장하는 것입니다. 하지만 자신의 본모습과 다른 위장된 모습은 곧 그 한계가 드러납니다. 당장 자신의 진면목을 보여주지 못할지라도 자연스럽게 외형을 가꾸면서 실속도 다지는 지혜가 필요합니다.

낡은 틀에서 벗어나라

I can't understand why people are frightened of new ideas. I'm frightened of the old ones.

나는 사람들이 새로운 생각을 두려워하는 이유를 이해할 수 없다. 나는 낡은 생각에 두려움을 느낀다.

존 케이지 John Cage

사실 낡은 생각만큼 위험한 것도 없습니다. 낡은 생각의 틀에 갇혀 있으면 새로운 사고가 들어갈 틈이 없습니다. 그래서 결국은 변신의 기회를 놓치고 도태되는 결과를 초래합니다.

자신만의 울타리와 생활반경, 커뮤니티 속에 투영되어 이미 고착화된 자신을 변모시키기란 정말 쉽지 않은 일입니다. 하지만 허물을 벗어내야 아름다운 나비가 태어나듯이 변신해야 새로운 환희를 느낄 수 있습니다. 사회·경제적 지위가 하루아침에 바뀌기는 현실적으로 쉽지 않지만, 특기나 가치관·교양은 의식적인 노력을 하면 비교적 단기간에도 얼마든지 변신이 가능합니다.

직감도 틀릴 때가 있다

Never ignore a gut feeling, but never believe that it's enough.

직감을 결코 무시하지 말라. 하지만 그것으로 충분하다고 믿어서는 절대 안 된다.

로버트 헬러 Robert Heller

육감(六感)은 오감만으론 부족하기에 인간 스스로 본능적인 생존 수단의 자구책으로 마련한 것이라 할 수 있습니다. 육감이 과학적으로 공식 인정되지는 않았지만 신기하게도 번쩍 떠오르는 본능적인 직감으로 종종 곤란한 상황을 벗어나거나 기회를 잡을 때가 있습니다. 하지만 육감은 법적인 효력은 없으며 육감을 근거로 하여 맹목적으로 판단하다가는 돌이킬 수 없는 실수나 잘못을 저지를 수도 있습니다.

지킬 수 없는 법은

The best way to get a bad law repealed is to enforce it strictly.

악법을 철회시키는 최선의 방법은, 그것을 보다 더 엄격하게 강화하는 것이다.

에이브러햄 링컨 Abraham Lincoln

세상에는 누가 봐도 불합리하고 현실적으로 적용이 가능하지 않은 법이 있습니다. 이런 법은 신속하게 폐기되어야 마땅합니다. 오죽하면 '멍청한 법'이라는 사이트가 등장하기도 했겠습니까. 예컨대 알래스카의 페어뱅크스에는 '말코손바닥사슴(moose)에게 알코올 성분이 포함된 음료수를 마시게 하는 것은 위법'이라는 황당한 법도 있습니다.

일과휴식, 즐거움의 균형을 맞추자

If you're too busy to laugh, you're too busy.

웃을 시간도 없이 바쁘다면, 당신은 바빠도 너무 바쁜 것이다.

헤르만 헤세의 소설 《수레바퀴 아래서》에는 주인공인 소년 한스가 경쟁이 치열한 신학교 입학시험 준비를 위해 오랜 시간 공부에 매진하여 마침내 전체 차석으로 합격한 후에 마을 근처에서 산책과 낚시, 수영 등으로 여가를 즐기는 내용이 나옵니다. 진정한 휴가의 전형(paragon)을 보여 주는 사례입니다.

사람이 바쁜 것은 대체로 바람직한 일이지만 지나치게 바쁘면 소중한 것들을 무심코 지나칠 수 있습니다.

일과 휴식, 즐거움의 균형을 끊임없이 추구해야 합니다. 하루하루를 행복하게 살려면 자신만의 소소한 즐거움을 느낄 수 있는 일상의 소도구들을 많이 마련해 놓아야 합니다.

꿈을 꾸어라, 인생이 행복해진다

Throw your dreams into space like a kite, and you do not know what it brings back: a new life, a new friend, a new love, a new country.

당신의 꿈을 연과 같이 창공에 던져라. 무엇이 되돌아올지는 당신도 알 수 없다.

아나이스 닌 Anais Nin

우리나라 남도민요 '성주풀이'의 노랫말처럼 '저기 저 모양이 되기 전'에 인생을 충분히 음미하고 즐길 필요가 있습니다. 단, 즐기는 것은 주어지는 것이 아니고 빌리는 것이니 언젠가는 반드시 갚을 각오는 해야 합니다.

또한 인생은, 공장 생산라인에서 낙하산에 도색하는 일을 하다가 할리우드의 대스타(마릴린 먼로)가 되기도 하고, 카네기 홀의 안내원에서 세계적인 배우(알 파치노)로 인생역전을 이루며, 오클랜드 경기장에서 팝콘과 땅콩을 팔던 소년이 할리우드에서 최고의 수입을 올리는 배우(톰 행크스)로 화려한 변신을 하기도 하는, 언제든 극적인 변화가 기다리고 있는 세상입니다.

현재가 암울하다고 쉽게 포기해서는 안 됩니다. 삶을 즐기면서 꿈을 꾸세요!

좋은 습관을 갖게 되는 황금법칙

Do something every day that you don't want to do. This is the golden rule for acquiring the habit of doing your duty without pain.

당신이 하고 싶지 않은 뭔가를 매일 하라. 이것이야말로 당신의 임무를 고통 없이 하는 습관을 얻는 황금법칙이다.

마크 트웨인 Mark Twain

'습관은 모든 것의 왕'이라는 말이 있습니다. 일단 어떤 습관이 몸에 배이면 어떤 일도 더 이상 힘들지 않게 됩니다. 특히 외국어는 익히는 데 시간이 많이 소요되기 때문에 대부분 싫어하지만 매일 조금씩 하다 보면 습관이 되어 별로 힘든 줄 모르게 습득하게 됩니다. 요즘 취업이 어렵다지만 외국어를 두 가지 정도 할 줄 알면, 우리나라와 같은 해외무역 의존도가 90%를 훨씬 뛰어넘는 나라에서는 기회가 많이 생깁니다.

습관은 적토마와 같아서 역으로 잘만 이용하면 우리를 꿈꾸는 세계로 데려가기도 하고 나락으로 떨어뜨리기도 합니다. 습관이 인생의 행복과 불행을 좌우합니다.

분노를 붙들고 있으면 백해무익

Holding on to anger is like grasping a hot coal with the intent of throwing it at someone else; you are the one who gets burned.

분노를 붙들고 있는 것은 다른 사람에게 던지려고 불타는 숯불을 손에 쥐고 있는 것과 같다. 자신이 먼저 뜨거운 불에 탈 것이다.

석가 Buddha

분노는 적절한 방법을 통해 표출해야지 부주의하게 다루면 재앙을 불러올 수 있습니다. 또한 분노는 이해의 상충이나 오해에서 비롯되는 경우가 많기에 스스로 분노의 원인에 대한 분석과 이해, 해결하려는 노력이 필요합니다.

'나의 분노는 과연 정당한가?', '혹시 분노에까지 이를 필요가 없는 경미한 사안은 아니었는가?' 자신스스로에게 냉철한 자문을 구해야 합니다. 대개 분노는 이런 성찰만으로도 어느 정도 해결될 수 있습니다.

서로 신뢰하라

What loneliness is more lonely than distrust?

어떤 고독이 불신보다 더 외로울까?

조지 엘리엇 George Eliot

'어떤 고독이 불신보다 더 외로울까?'

이 말을 생각하면, 절박한 고독감에 시달렸을 《주홍글씨》
의 주인공 헤스터가 떠오릅니다. 세상 사람들의 눈엣가시 같
은 존재가 되어 인고의 세월을 견뎠을 그녀를 생각하면 가슴
이 아픕니다. 물론 그녀는 소설 속의 주인공이지만 그런 사례
는 현실 세상에도 있습니다.

혼자 있다고 해서 외로운 것이 아닙니다. 함께 있어도 서
로 신뢰하는 마음이 없다면 외로울 수밖에 없습니다. 신뢰를
회복하려는 노력은 조직이든 사회든 인간관계에서든 우선적
으로 이루어져야 할 기본적인 조건입니다.

악운이 닥칠 때는

Bad luck is universal. Don't take it personally.

불운이란 범세계적인 것이다. 개인적인 것으로 받아들이지 말라.

솔로몬 쇼트 Solomon Short

　　악의를 품고 창문 뒤에 정체를 숨기고 기다리고 있는 어둠처럼 누구에게나 악운이 다가올 수 있습니다. 또한 내 잘못이 아닌데도 불구하고 불운이 나에게 닥칠 때도 있습니다. 옥석구분(玉石俱焚)이란 사자성어의 뜻처럼 옥이나 평범한 돌이나 함께 불에 타는 일이 세상에는 허다합니다. 하지만 악운은 반드시 끝이 있기에 그것에 맞서 결연히 대처할 필요가 있습니다. 악운 앞에서 가장 중요한 것은 악운을 대처하는 당신의 자세입니다.

자신의 운명은 스스로 통제하라

The best years of your life are the ones in which you decide your problems are your own. You do not blame them on your mother, the ecology, or the president. You realize that you control your own destiny.

당신의 인생에서 최고의 시절은 당신의 문제가 당신의 것이라고 결정한 때다. 그러한 문제가 당신의 어머니, 주변 환경, 혹은 대통령 때문이라고 비난하지 않는다. 당신 자신의 운명을 스스로 통제하는 것이다.

앨버트 엘리스 Albert Ellis

예전에 비해 청춘기가 한층 더 불안해진 데에는 분명 사회의 구조적인 문제도 있습니다. 젊은이들이 힘든 것은 비단 우리나라만의 문제는 아닙니다. 그리스나 스페인은 말할 것도 없고 세계 8대 경제대국에 속하는 이탈리아도 재정위기를 통해 엄청난 치부를 드러냈습니다. 미국의 주요 통계에 의하면 세계화가 진행되면서 경제적으로 힘든 사람들의 70%는 청·장년층이고 특히 20세를 전후한 청년층이 중년층에 비해 훨씬 더 고통을 받는다고 합니다. 그러나 중요한 것은 자신에게 주어진 현 상황에서 자신이 취할 수 있는 최선의 방법에 대해 깊이 고민하면서 자기 운명의 주인으로서의 태도를 굳게 지키는 것입니다.

결혼은 여자들의 최대 도박이다

Someone asked me why women don't gamble as much as men do, and I gave the commonsensical reply that we don't have as much money. That was a true and incomplete answer. In fact, women's total instinct for gambling is satisfied by marriage.

왜 여자들은 남자들만큼 도박을 하지 않느냐고 누군가 나에게 물었을 때, 나는 여자들은 남자들만큼 돈이 많지 않기 때문이라는 상식적인 대답을 했다. 그러나 그건 맞는 말이기도 하지만 불완전한 답변이었다. 사실은 여자의 도박에 대한 본능은 결혼에 의해 충분히 만족되고 있다.

글로리아 스타이넘 Gloria Steinem

여자는 어떤 남자를 만나느냐에 따라 사는 집, 타는 차, 먹는 음식 등 대우와 환경이 달라집니다. 현실적으로 말하자면, 결혼은 여자의 입장에선 도박적인 요소가 많은 것입니다.

지금은 예전같이 스무 살이나 연상인 동네 홀아비에게 돈 몇 푼에 팔려 시집을 갈 위험이 사라지긴 했어도 아직도 결혼은 집안과 집안의 결합이라는 의식이 강하게 남아있기에 두 사람의 사랑만으로는 극복하기 힘든 문제에 봉착하기도 합니다. 하지만 부부가 사랑으로 의기투합하면 집 안에서 발생하는 어려움쯤은 거뜬히 이겨낼 수 있습니다.

남자를 고치는 건 불가능하다

All young women begin by believing they can change and reform the men they marry. They can't.

모든 젊은 여성들은 자신과 결혼하는 남자를 변화하고 교정할 수 있다는 믿음으로 시작한다. 하지만 그건 불가능하다.

조지 버나드 쇼 George Bernard Shaw

결혼은 결코 드라마나 영화와 같은 허상이 아닙니다. 결혼 전에는 주로 좋은 면만 부각되기 때문에 진실이 가려져 있는 경우가 많습니다. 그러나 결혼 후에 남자의 진짜 모습을 알게 되었다고 하더라도 남자를 변화시키기란 정말 쉽지 않은 일입니다. 대부분의 여자들은 자신의 마음에 들지 않는 남자의 습관이나 버릇을 고치려고 노력하지만 막상 남자가 자신이 원하는 대로 변하면 그를 더 이상 좋아하지 않는 경향이 있습니다. 따라서 여자들이 진정 원하는 것은 남자를 마음대로 다루고 싶어 하는 것이지, 변화시키는 것이 궁극적인 목표는 아닙니다. 아무튼 남자를 변화시키겠다는 생각보다는 남자의 습관과 생각을 이해하고 감싸주면 자신이 선택한 남자의 좋은 모습을 많이 발견할 수 있을 것입니다.

영원히 계속되는 현재에 살아라

The secret of health for both mind and body is not to mourn for the past, not to worry about the future, not to anticipate the future, but to live the present moment wisely and earnestly.

심신의 건강을 위한 비결은 과거에 대해 슬퍼하거나 또는 미래에 대해 걱정하거나 기대하는 데 있는 것이 아니라, 현재를 현명하고 진지하게 사는 데 있다.

석가 Buddha

사후에 극락세계나 정토(淨土)에 갈 수 있다고 설파한 석가모니조차도 현생의 중요성을 이토록 강조하고 있습니다. 미래의 걱정을 미리 가져와 번뇌에 시달리는 것은 어리석은 일입니다.

영국의 소설가 겸 극작가 서머셋 몸은 자신의 저서 《달과 6펜스》에서 '영원히 계속되는 현재(everlasting present)만이 중요한 것'이라고 했습니다. 사실 미래에 대한 대비는 현재를 충실히 살면, 어느 정도는 저절로 대비할 수 있습니다. 현재를 미래에 저당 잡혀 전혀 즐기지 못한다면 그처럼 불행한 일도 없을 것입니다. 현재를 충실히 살고 충분히 즐겁게 살면 미래에 다소 불행한 일이 있더라도 그 축적된 힘으로 웬만한 어려움은 견뎌낼 수 있습니다.

사고의 힘은 무한하다

If you realized how powerful your thoughts are, you would never think a negative thought.

당신의 사고(思考)가 얼마나 강력한지 안다면, 당신은 결코 부정적인 사고를 하지 않을 것이다.

피스 필그림 Peace Pilgrim

인류가 이 행성의 주인이 된 힘의 원천은 말할 것도 없이 인간의 생각하는 힘, 즉 사고력(思考力)입니다. 깨어 있는 시간 중 98%를 먹이 구하는 데 사용한다는 다람쥐와는 달리 인간은 협업과 전문화를 통해 생계를 위해 소비되는 시간을 최소화하여 생각하는 시간을 많이 가질 수 있었습니다. 어떤 생각을 가지고 하루를 시작하느냐에 따라 결과는 크게 달라집니다. 하루만 제대로 보내도 사실은 적지 않은 차이가 벌어지는 것인데, 별다른 변화를 느끼지 못하기 세상의 달콤한 유혹(temptation) 에 맥없이 무너지고 맙니다.

이와 같은 현상은 의지력(willpower)의 부족이 원인입니다. 의지력도 근육과 같이 자꾸 써야 강해집니다. 인간의 사고력은 무한한 것이어서 광대무변한 우주의 끝이라도 도달할 수 있습니다.

교육은 사회 전체의 책임

It takes a village to raise a child.

아이 하나 키우는 데 마을 전체가 필요하다.

아프리카 속담

산업사회로 변화되면서 자녀들의 훈육을 전적으로 교육기관에 위탁하다 보니, 그로 인한 갖가지 부작용이 속출하고 있습니다. 특히 교육의 사명을 잊은 것 같은 공교육의 현실을 보면 안타깝기만 합니다.

하늘을 비행할 수 없는 불구의 새(flightless bird) 펭귄은 자녀 사랑에 대해서만은 지구행성 전체에서도 으뜸에 속합니다. 그런 펭귄들은 새끼들의 공동육아를 통해 자신들의 미래를 함께 만들어갑니다. 이처럼 인간 역시 사회 전체가 아이들을 함께 키운다는 마음으로 일체가 되지 않는 한 인류의 미래는 밝지 않습니다.

June 27

작은 기부가 큰 기적을 낳는다

Make all you can, save all you can, give all you can.

벌 수 있는 한 얼마든지 벌고, 저축할 수 있는 한 최대한 저축하며, 줄 수 있는 한 모든 것을 주라.

존 웨슬리 John Wesley

가난의 불편함과 고통 그리고 그로 인한 부끄러움은 겪어보지 않은 사람은 알 수 없습니다. 가난은 우리 몸에 끈질기게 붙어서 떨어지지 않는 질병처럼 몸과 마음을 괴롭힙니다. 때문에 가난은 가능한 빨리 벗어나는 것이 좋습니다.

필자는 사람이 사회의 일원으로 살아가면서 사회의 룰과 규범에 벗어나지 않는 범위에서 정당하게 돈을 벌어 도움이 필요한 곳에 기부하는 삶, 그러한 삶이 최상의 인생이라고 생각합니다.

유니세프 한국위원회에 의하면 한 사람이 매월 2만 원씩 1년을 기부하면 영양실조에 걸린 어린이 100명에게 하루 세 번 고단백 영양식을 먹일 수 있다고 합니다. 인류의 미래를 짊어질 어린이들이 헐벗고 굶주리는 현실을 보노라면 정말 마음이 아파서 어찌할 바를 모르겠습니다. 작은 기부가 큰 기적을 낳습니다.

소망만으로는
아무것도 이루어지지 않는다

Some people want it to happen, some wish it would happen, others make it happen.

어떤 사람들은 그 일이 일어나기를 바라고, 어떤 사람들은 그 일이 일어나기를 소망하며, 어떤 사람들은 그 일이 일어나도록 만든다.

마이클 조던 Michael Jordan

소망을 마음에 품는 것은 정말 중요한 일이지만 그러나 소망만으로는 아무것도 이룰 수 없습니다. 자신이 원하는 소망에 대한 구체적인 계획을 가지고 그것을 실행해야 원하는 결과를 얻을 수 있습니다.

고등학교 시절 농구에 소질이 없다는 판정을 받고 학교 대표 팀에 발탁되지 못하는 아픔을 겪기도 했던 마이클 조던, 그는 이에 굴하지 않고 남다른 노력을 계속한 결과, 전설적인 농구 황제가 되었습니다.

세상에 저절로 이루어지는 것은 없습니다. 자신이 꿈꾸는 별(star)에 도달하기 위해 땀을 많이 흘려야 하는 것은 불변의 진리입니다.

남의 실수는 타산지석

You must learn from the mistakes of others. You can't possibly live long enough to make them all yourself.

당신은 다른 사람들의 실수로부터 배워야 한다. 아마도 모든 실수를 스스로 해볼 정도로 오래 살 수는 없을 테니까.

샘 레벤슨 Sam Levenson

　'타산지석(他山之石)'이라는 사자성어가 있습니다. 다른 산에 있는 돌도 자신의 수양에 도움이 된다는 뜻입니다. 다시 말해서 다른 사람의 경험도 참고해야 자신의 실패를 줄일 수 있다는 뜻입니다. 물론 가장 좋은 것은 자신이 직접 체험해 보는 것이겠지만 한정된 시간과 자원 등의 제약으로 모든 것을 직접 경험할 수는 없을 것입니다.

　이러한 진리를 직접 몸으로 터득한 미국 투자업계의 살아 있는 전설, 워렌 버핏은 다음과 같이 말했습니다.

　"가능하면 다른 사람의 실수로부터 배우는 것이 낫다(It's better to learn from other people's mistakes, if possible.)"

실수는 가장 훌륭한 스승

Do not be embarrassed by your mistakes. Nothing can teach us better than our understanding of them. This is one of the best ways of self?education.

자신의 실수에 비굴하지 마라. 실수를 이해하는 것보다 우리를 더 잘 가르치는 것은 없다. 이것이야말로 최선의 독학이다.

토마스 칼라일 Thomas Carlyle

실수는 그 정도에 따라 뼈아픈 것일 수도 있지만 실수로 인한 아픔이 클수록 학습효과 또한 큰 것도 사실입니다. 사회생활을 하다보면 사소한 실수는 누구나 할 수 있습니다. 하지만 실수를 너무 자주하면 신뢰를 잃게 될 수가 있으니 실수가 반복되지 않도록 자신만의 실수를 기록하는 실수기록장을 작성하는 것도 좋은 습관입니다.

7월 / 삶의 속도를 늦추라

July

자연보다 완전한 아름다움은 없다

A morning-glory at my window satisfies me more than the metaphysics of books.

내 창가의 나팔꽃이 형이상학에 관한 책보다 나를 더 만족시킨다.

월트 휘트먼 Walt Whitman

꽃은 그 자체로 생명의 완성이고 절정입니다. 아름다움의 극치일 뿐만 아니라 대자연의 경이로움은 사람의 마음에 천국을 경험하게 합니다. 겨울은 물론 봄의 언저리까지도 생명의 기미라고는 전혀 보이지 않던 꽃나무에서 일시에 터지는 꽃망울은 역동적인 생명의 신비로운 비밀이 잉태되기도 합니다.

꽃은 개화하기 오래전부터 이미 깊고 차가운 땅속 깊은 곳에서부터 밤낮을 가리지 않고 은밀한 준비를 해온 것입니다. 목숨을 건 그런 노력의 결실이 꽃으로 발현되니 어찌 아름답지 않은 꽃이 있을 수 있겠습니까?

인간의 굴레

Emancipation from the bondage of the soil is no freedom for the tree.

땅의 굴레로부터 해방시키는 것은 나무로서는 자유가 아니다.

라빈드라나드 타고르 Rabindranath Tagore

인간이 짊어진 굴레 중 하나는 삶의 유지하기 위해서는 노동의 짐 또한 져야한다는 것입니다. 하지만 그것은 노동의 짐이 괴롭고 힘들다는 것을 전제로 한 발상이 아닐까요?

인간이 일로부터 완전히 해방된다면 과연 그러한 삶이 자유롭고 행복할까? 하는 생각을 해봅니다. 필자가 내린 결론은 '행복하지 않을 것이다'입니다.

남자에게는 '남자다움의 구속(prison of masculinity)'이라는 것이 있습니다. 울고 싶을 때 마음껏 울지 못한다든가, 드러내 놓고 질투를 할 수 없는 것 등 남자이기 때문에 숨기고 지켜야 할 것만 같은 남자의 특성이 있습니다. 그런 면에선 여성 또한 마찬가지입니다. 하지만 남성만의, 또 여성만의 자연스런 특성을 살린다면 그보다 강력한 매력은 없을 것 같습니다.

인생은 모든 것이 기적이다

Before you were conceived I wanted you. Before you were born I loved you. Before you were here an hour I would die for you. This is the miracle of life.

너를 임신하기 전부터 너를 원했고 네가 태어나기 전부터 너를 사랑했단다. 네가 여기로 오기 한 시간 전에도 나는 너를 위해 죽을 수도 있었단다. 이것이 인생의 기적이란다.

모린 호킨스 Maureen Hawkins

자녀에게는 부모의 기질이나 소망이 유전형질을 통해 전달됩니다. 어머니의 마음은 세계 공통입니다. 이는 동물의 세계도 마찬가지입니다. 바닷가에 사는 사슴은 새싹이 나기 전에는 해안가로 밀려온 해초류로 배고픔을 달래고 뱃속에 든 새끼를 위해 염분을 보충해 둡니다. 5개월 동안이나 아무것도 먹지 못한 어미 곰은 영양분이 소비될까봐 움직이지도 않고 축척해 두었던 양식을 자기는 죽어가면서 새끼에게는 최초의 양식인 젖을 물립니다.

〈바람과 함께 사라지다〉의 여주인공으로 우리에게 잘 알려진 배우 비비안 리의 어머니는 그녀를 임신한 후에 인도 다질링의 자택에서 하루도 빠짐없이 매일 아침 15분 동안 히말라야의 아름다움이 태아에게 전해지도록 경건한 마음으로 바라보았다고 합니다.

생명창조의 신비함과 모성애를 가진 어머니의 힘은 인류를 지탱해온 원동력입니다.

행복해지려면 속도를 늦추라

Everything that slows us down and forces patience, everything that sets us back into the slow circles of nature, is a help. Gardening is an instrument of grace.

우리의 속도를 늦추게 하는 것과 인내를 강요하는 것, 우리를 자연의 느린 순환으로 되돌리는 것은 우리 모두에게 도움이 된다. 정원을 가꾸는 것은 우아한 도구다.

메이 사튼 May Sarton

　취미라는 것은 대개 자신의 생업과 동떨어진 것일수록 정신적인 이완을 위해 바람직합니다. 우리는 목표하는 성공을 위해서 혼신을 다해 힘을 집중하지만 집중은 긴장을 낳고, 긴장은 인간의 심신에 막대한 부담을 줍니다. 틈나는 대로 적절한 휴식과 취미가 필요한 이유입니다.

　필자가 경험한 바로는 식물을 가꾸는 일 또한 일상을 늦추는 힘이 있습니다. 그것은 단기간에 결과가 나타나는 것이 아니기 때문입니다.

자연이 주는 아름다운 선물

Watching birds has become part of my daily meditation affirming my connection to the earth body.

새들을 관찰하는 일은 내가 지구의 몸과 연결되어 있다고 확신케 해주는 나의 일상적인 명상의 한 부분이다.

캐롤 크라이스트 Carol P. Christ

　　새들의 움직임을 관찰하는 것은 색다른 즐거움과 영감 그리고 평안을 줍니다. 미물이라고 생각하던 새들도 새끼를 보호하며 키우기 위한 집을 짓기 위해 온갖 어려움을 감내합니다. 새들이 집을 짓기 위해서는 적게는 열흘, 보통 한 달 동안이 소요됩니다. 새들은 자기들의 둥지가 강풍에도 견딜 수 있도록 본능적으로 바람이 제일 센 날을 택해 집을 짓는다고 하니, 새들의 지혜가 놀랍습니다.

　　저녁이면 자기들 둥지에 돌아와 재잘거리며 새 가족이 휴식을 취하는 광경은 평화로움 그 자체입니다.

실행력의 차이가 큰 격차를 만든다

Create a definite plan for carrying out your desire and begin at once, whether you are ready or not, to put this plan into action.

준비가 되었든, 되지 않았든 계획을 행동으로 옮기기 위해 당신의 욕망을 이룰 분명한 계획을 만들고 당장 시작하라.

나폴레온 힐 Napoleon Hill

완벽한 준비를 갖춘 후에 일을 착수하면 좋겠지만 우리에게 완벽한 준비는 별로 주어지지 않습니다. 필수적인 준비를 갖추었다면 우선 시작해야지, 걷기 전에 운동화 끈만 여러 번 고쳐 매다가는 기회를 놓칠 수 있습니다.

일단 시작하면 절반이라도 이룰 수 있지만 시작조차 하지 않으면 아무것도 이룰 수 없습니다. 인생에서 가장 파괴적인 말은 '나는 할 수 없다' 혹은 '나중에 하지'라는 말입니다. 잡념을 버리고 바로 움직이세요. 놀라운 체험을 하게 될 것입니다.

다시는 기회가 없다는
절박함으로 시작하라

Life is very short and what we have to do must be done in the now.

인생은 아주 짧기에 우리가 해야만 하는 일은 지금 바로 이루어져야 한다.

오드리 로드 Audre Lorde

　지금 그 일을 하지 않으면 기회가 영원히 없다는 절박함으로 착수하지 않으면 안 됩니다. 시기를 놓치면 다시 기회가 오지 않을 수도 있습니다. 필자 또한 살아보니 그러한 진리를 깨닫습니다.

　하고 싶은 일, 하고 싶은 말(상처를 주는 말은 제외하고)이 있으면 주저하지 말고 해야 합니다. 인생에서 몇 번의 기회는 고사하고 한 번 주어진 것도 행운이기에 자기에게 주어지는 기회가 있다면 놓치면 안 됩니다. 특히, 인생이란 너무 짧은 것이니 증오를 담아두느라 시간을 허비하면 나중에 후회하게 됩니다.

화난 때일수록 말(言)을 아껴라

The fastest horse cannot catch a word spoken in anger.

가장 빠른 말(馬)이라도 분노 가운데 한 말(言)은 잡을 수가 없다.

중국 속담

분노에 사로잡히면 순식간에 속마음을 드러내기도 하지만 절대 해서는 안 될 마지막 말(last word)을 내뱉는 수가 있습니다. 분노한 감정으로 저지른 말은 평소 사랑하던 사람에게도 큰 상처를 남길 수 있습니다.

분노한 마음에서 나오는 거침없이 쏟아낸 말은 감정이 차분해지면 반드시 후회하게 되므로 분노한 마음 중에 있을 때는 말을 아끼는 것이 최선입니다.

봉사가 갖는 자기치유의 힘

The best way to forget your problems is to help other people with theirs.

당신의 문제를 잊는 최선의 길은 다른 사람들의 문제가 해결되도록 도와 주는 것이다.

자원봉사를 하거나 자선단체에서 일을 하는 사람들은 대개 표정이 밝습니다. 그들이라고 항상 삶의 여유가 있고 행복하기만한 것은 아닐 것입니다. 그들 중에는 오히려 도움을 받아야 하는 사람들도 있을 것입니다. 그럼에도 그들은 봉사의 손길을 내미는 데 주저하지 않습니다. 그 결과 자신들도 치유라는 선물을 받게 됩니다.

우리나라 최초의 세계 여행가였던 김찬삼 교수가 1962년 아프리카 가봉의 한 병원에서 슈바이처 박사를 만났을 때의 감격을 기록했던 여행기가 있습니다.

'안락한 생활과 지위를 모두 버리고 아프리카의 원시림 속에서 인술을 펼치고 있는 슈바이처 박사의 희생과 봉사는 우리가 삶을 어떻게 살아야 하는지 알려주는 이정표다.'

현명한 관리자란

Managers who attack results without analyzing causes usually make matters worse rather than better.

원인에 대한 분석 없이 결과에 대해 공격하는 관리자는 대개 개선보다는 오히려 문제를 더 악화시킨다.

　잘못된 문제를 근본적으로 개선하지 않으면 문제가 계속 발생하게 됩니다. 구조적으로 결함이 있기 때문에 문제가 발생할 수밖에 없는 상황인데도 잘못된 결과만 추궁하면 조직은 위축되고 자신들이 목표로 하는 것에서 멀어집니다. 특히 정치적인 성향의 관리자일수록 문제가 일어나면 희생양을 먼저 찾게 마련인데, 그런 관리자의 지시를 받는 조직은 결국 쇠퇴하고 사라지게 됩니다. 최고경영자의 주된 임무 중 하나는 문제 있는 관리자를 솎아내는 데 있습니다.

당신은 내가 존재하는 이유입니다

I'm only here tonight because of you. You are the reason I am.
You are all my reasons.

내가 오늘 밤 여기에 있는 것은 오로지 당신 덕분입니다. 당신이야말로 내가 존재하는 모든 이유입니다.

존 내쉬 John Nash

세계적인 석학으로 자신의 이름을 딴 게임 이론을 창안해 마케팅 분야에 획기적인 영향을 끼친 천재 수학자 존 내쉬는, 과도한 업무스트레스로 인해 정신분열증(조현증)을 앓았지만 그는 이를 극복하고 마침내 노벨 경제학상을 수상합니다.

위의 글은 노벨상 수상식장에 동행한 아내에게 최고의 찬사와 감사를 표하며 행한 감동적인 노벨상 수상소감의 일부분입니다. 더불어 그는 다음과 같은 말도 했습니다.

"수학자로서 내가 평생 동안 발견한 최고의 방정식은 사랑의 방정식이었다."

노력 없이는 성공도 없다

Success is sweet, but usually it has the scent of sweat about it.

성공은 달콤한 것이지만 그 안에는 대개 땀 냄새가 있다.

　사람들은 성공한 사람의 결과만 바라보며 부러워하지만, 성공의 크기가 크면 클수록 엄청난 노력이 수반되었음은 생각하지 않습니다.

　일정기간 노력을 집중해서 성과를 내는 성공이 있는가하면, 평생에 걸쳐 꾸준히 노력함으로써 그 분야의 대가가 되는 성공도 있습니다. 어떤 성공일지라도 고독, 자신에 대한 불신, 성공에 대한 회의 등 노력에 수반되는 갖가지 실존적 고통을 각오하지 않는 한, 성공은 없습니다.

매력적인 사람들

No matter how old some people get, they never seem to lose their attractiveness. They merely move it from their faces to their hearts.

어떤 사람들은 아무리 늙어도 그들의 매력을 결코 잃지 않는 것 같다. 그들은 매력을 얼굴로부터 가슴으로 옮길 뿐이다.

가만히 생각해 보면 우리 주변을 밝게 하는 사람들이 있습니다. 우리는 그들의 진심을 알기에 그 존재만으로도 한없는 위안과 용기를 얻습니다. 그들은 우리가 불행한 일을 당했을 때, 호들갑을 떨기보다는 자신이 도울 수 있는 일을 찾아 조용히 실행하는 사람들입니다.

사람이 생물학적인 노화를 피할 수는 없겠지만, 천성적으로 봉사가 몸에 밴 사람들은 노화가 매우 더디게 진행되는 특징이 있습니다. 필자가 생각하기엔 바로 그들이 세상의 빛이 되는 큰 바위 얼굴이고 진정 매력적인 사람들입니다.

일자리가 없는 것을 상상해보라

The best way to appreciate your job is to imagine yourself without one.

당신의 일에 대해 감사하는 최고의 방법은 일자리가 없는 것을 상상해 보는 것이다.

오스카 와일드 Oscar Wilde

　자신이 할 수 있는 일이 있다는 것은, 소소한 즐거움의 원천이 되고 돈으로부터 어느 정도 해방감을 줄 수 있습니다. 그러나 일자리가 없으면 추울 때 추운 곳에서 지내야 하고 더울 때는 더운 곳에 있어야 하는 고통이 따르지만, 무엇보다 가장 큰 괴로움은 사회의 구성원으로서 자신의 역할이 없다는 자괴감일 것입니다.

　최소한의 경제력을 갖추지 못하면 사랑의 열정 또한 창문으로 들어왔다 현관문으로 나가게 됩니다. 아직 자신의 일자리를 구하지 못했다면 일자리를 가졌을 때의 기쁨과 경제적 자유를 상상하며 계속 도전해야 합니다.

결혼이란,
비싼 물건을 사고 후회하는 것

A good marriage is the union of two forgivers.

훌륭한 결혼이란 용서하는 두 사람의 연합이다.

　몇 십 년을 함께 살아온 부부라도 서로의 속마음을 완전히 알기란 쉽지 않습니다. 사람들이 결혼하는 이유는 결혼 전과 결혼 직후의 달콤함에 현혹되어 마치 일시적으로 유예된, 카드 대금의 결제에 따른 고통을 잊게 해주는 백화점의 현란한 상술에 넘어가서 값비싼 물건을 사고 나중에 후회하는 것과 같습니다. 그러나 후회하는 마음이 있을지라도 서로 '완벽한 사람이나 사랑은 없다'는 명제를 인정하면 두 사람의 관계가 한결 부드러워질 수 있습니다. 훌륭한 결혼이란, 용서하고 이해하는 두 사람의 결합입니다.

친한 친구라도 충고는 신중하게 하라

Don't tell your friends their faults. They will correct the fault and never forgive you.

당신의 친구들에게 그들의 잘못에 대해 말하지 말라. 그들은 잘못은 고치지만 결코 당신을 용서하지 않는다.

웬만큼 친한 사이가 아니라면 남의 잘못을 지적하기란 쉽지 않은 일입니다. 그래도 꼭 필요하다면 상대방이 감당할 만한 것인지 살펴가며 상대의 마음이 상처를 받지 않도록 배려하는 마음이 필요합니다.

충고를 할 수 있는 유일한 기회는 상대방의 요청을 받았을 때뿐인데, 그때조차도 조심하지 않으면 오랫동안 정성을 들인 관계에 금이 갈 수 있습니다.

충고는 가능하면 같은 문제에 직면했던 사람에게 조언을 얻는 것이 최선입니다.

냉소적인 사람들

Cynics are only happy in making the world as barren to others as they have made it for themselves.

냉소적인 사람들은 스스로 자신을 황폐하게 하듯이, 그들은 오로지 세상을 황량하게 하는데서 행복하다.

조지 메레디스 George Meredith

냉소적인 사람에게는 아무런 부담도 의무도 없습니다. 그들은 책임지지 않아도 되는 호사(luxury)를 누리기 때문입니다.

실제로 가치 있는 일 치고 쉽게 되는 일이 없기에 그 일에 대해서 부정적으로 말하고 그 일을 하지 않는 것이 일단 편하고 안전하긴 합니다.

당신 주위에 그런 냉소적인 사람이 있다면 꾸준히 교화시키려는 노력은 해야 하겠지만, 전염성이 강하므로 그런 사람들은 가능하면 가까이 하지 않는 것이 상책입니다.

타협이 최상이다

Few things are accomplished without compromise.

타협 없이 해결되는 문제는 별로 없다.

    인간관계에서 서로의 이해가 상충할 때, 어느 한쪽의 일방적인 승리는 바람직하지 않습니다. 간혹 물리력을 동원하여 상대를 굴복시키려고 시도하지만 결국은 상대편의 반발을 불러오고 일은 더욱 복잡하게 됩니다. 마음을 털어놓고 대화하는 타협이 필요한 이유입니다. 요즘은 국운을 좌우할 나라 간의 협상이 빈번하게 일어나는 때입니다. 개별 기업은 물론 국가도 이런 외교역량을 갖춘 인재를 확보하는 것이 절실합니다.

    강대국 거란을 맞이해 적장 소손녕과 담판하여 여진을 몰아내고 강동 6주를 얻어낸 고려의 문신 서희의 외교술이 새삼 크게 느껴집니다. 그의 이런 큰 성과는 우리나라의 지형에 맞게 개발한 화차에 대한 자신감과 국제적인 힘의 균형 등을 정확히 읽고 협상에 임한 결과입니다.

직업에서 얻는 보상

Psychologists say the ideally every job should provide three basic benefits: economic rewards, personal job satisfaction, and future opportunity.

모든 직업은 이상적으로 세 가지 혜택을 주어야 한다고 심리학자들은 말한다: 경제적 보상, 개인적인 직업의 만족, 그리고 미래의 기회.

　사람들은 대개 노동의 대가로 경제적 보상에 마음이 끌리기 쉽지만 장기적인 안목을 가진 사람은 직업적인 만족과 미래의 기회까지 내다봅니다.

　오랫동안 일에 지치지 않고 그 일의 전문성을 키우려면 자신이 좋아하는 직업을 택하는 것이 바람직합니다. 사람들이 선망하고 인기 있는 직업이라고 해서 그것이 언제까지나 지속된다는 보장은 없습니다.

　지금 가장 인기 있는 직업 중에는 불과 수십 년 전에는 웬만큼 교육 받은 사람들은 거들떠보지도 않는 직업도 있습니다. 이런 직업의 추세는 앞으로도 지속될 것입니다.

역경을 극복하면
누구나 다이아몬드가 된다

A diamond is just a piece of coal that made good under pressure.

다이아몬드란 압력을 받아 보기 좋게 변한 석탄 조각에 불과하다.

　　필자가 타이완의 국립박물관에서 본 중화문화권 최고의 보물은 '옥으로 만든 배추(jadeite cabbage)'라는 작품입니다. 그 작품을 자세히 살펴보면, 흠이 많은 옥의 결점을 매우 자연스럽게 살려낸 것이 특징입니다. 그 보물은, 본래 있던 크랙(crack)과 기포를 배추가 살짝 얼었을 때의 모양을 보여줍니다. 배춧잎 위를 기어 다니는 배추벌레까지 마치 살아서 움직이는 듯 정교하게 묘사되어 있습니다. 옥의 흠집 또한 배추 표면의 결(texture)과 기포인 양 처리한 기법이 놀라울 정도로 매우 정교하여 많은 작품 가운데서도 최고의 예술품으로 평가받고 있습니다. 이렇듯 성공적인 사람이란, 숱한 고통을 눈물과 땀으로 단단한 기초를 쌓은 사람입니다. 성공하는 사람들에게 온갖 편견과 장애는 한낱 스스로를 단련할 기회에 불과할 뿐입니다.

인생을 즐겨라

Most people have never learned that one of the main aims in life is to enjoy it.

인생의 주된 목표 중 하나가 즐기는 데 있는 것을, 사람들은 대개 깨닫지 못한다.

새뮤얼 버틀러 Samuel Butler

자녀에 대한 집착이나 지나친 투자는 자연생태계의 법칙에도 어긋나는 일입니다. 우리가 미물이라 생각하는 것들조차 자기의 새끼들이 일찍부터 독립해야 하는 것을 알고 실천합니다.

미래에 대한 준비도 좋지만 그것을 위해 현재의 작은 즐거움마저 희생되는 일은 개선되어야 합니다. 인생의 겨울은 미처 그것을 깨닫기도 전에 나 자신을 에워쌀 것입니다. 그 시기에 즐길 수 있는 일은 가능하면 그 시기에 어울리는 나이에 경험하도록 하세요. 건강할 때 맛있는 것 많이 먹고, 여행하고, 사람을 만나고, 사랑하고, 좋은 것 많이 듣고, 자주 보고 즐기십시오.

성공이 확실할 때까지
기다려주는 기회란 없다

Courage is the commitment to begin without any guarantee of success.

용기란 성공의 보장이 없는 가운데 시작하겠다는 약속이다.

괴테 Johann Wolfgang von Goethe

유감스럽지만 충분한 정보를 제공하면서 성공이 확실할 때까지 기다려주는 기회는 없습니다. 결정에 필요한 모든 정보가 완벽히 구비되어 있다면, 누구나 좋은 결정을 내릴 수 있을 것입니다. 하지만 그런 경우란 흔치 않으며 대부분은 자기 스스로 판단하고 신속한 결정을 내려야 합니다.

정보가 부족한 부분을 채우는 것이 바로 용기입니다. 때문에 현재 주어진 여건에서 최선을 다해 정보를 수집하고 전략을 세우되 감내해야 할 리스크(risk)를 두려워해서는 안 됩니다. 때로는 이미 계산된 위험(calculated risk)을 감행할 필요도 있습니다.

유쾌해지려면 유쾌함을 주라

If you want to cheer up, cheer somebody else up.

기분이 좋아지려면, 다른 사람을 기분 좋게 하라.

유머 감각이 풍부한 사람은 다른 사람에게 유쾌함을 줄 뿐만 아니라 그의 표정은 언제나 밝습니다. 행복하기 때문에 웃는 것이 아니라 웃기 때문에 행복하다는 말은 진리입니다. 웃을 일이 없다고만 할 게 아니라 관심을 가지고 웃음의 소재를 찾도록 노력해 보세요.

네덜란드의 가난한 이민 가정 출신에다 학생 수가 겨우 200여 명 남짓한 유레카 대학 졸업생이라는 불리한 여건을 뛰어넘어 미국의 대통령까지 지낸 로널드 레이건은 유머를 통해 사람들로부터 호감을 얻고 지지기반을 넓힌 대표적인 사람입니다. 그가 대통령 시절 방한했을 때 점심식사를 한 직후, "내 다이어트를 중단하게 할 정도였다.(You've enticed me to get off my diet.)"고 그의 식사를 직접 준비한 필자와 우리 의전 담당 팀을 재치 있는 유머로 칭찬하던 로널드 레이건의 모습이 지금도 기억에 생생합니다.

타이밍의 중요성

The work of the world does not wait to be done by perfect people.

세상의 일은 완벽한 사람들이 할 때까지 기다리지 않는다.

자신이 완벽하다고 믿고 있는 사람들은 사실 평범한 사람들보다 능력이 있는 것이 사실인 경우가 많습니다. 하지만 당신이 생각하는 완벽한 사람은 당신의 눈에 그렇게 보인다는 것이지, 세상을 덮을 만한 능력을 갖춘 사람을 만나기는 불가능합니다. 간혹 뛰어난 사람들에 의해 위대한 일이 이루어지기도 하지만 실제 대부분의 위대한 일은 평범한 사람(mediocrity)들이 힘을 합쳐 해낸 것입니다.

그런데도 당신이 생각하는 완벽한 사람이 주목받는 것은, 그들은 타이밍의 중요성을 알고 그것을 실천하는 사람이기 때문입니다. 결국 성공이란 일에 착수할 시점을 정확하게 포착하는 기술이라고 할 수 있습니다.

틈나는 대로 교양과 상식을 넓히자

It takes a lot of luck to make up for a lack of common sense.
상식의 부족을 보충하기 위해서는 상당한 센스가 필요하다.

세상을 살다보면 특별한 규정이 없어서 어떻게 행동해야 할지를 모르는 경우가 있는데 이럴 때는 상식적인 판단에 의해 처신하면 별 문제가 발생하지 않습니다. 하지만 상식에서 벗어난 행동은 한두 번은 큰 문제없이 넘어갈 수도 있지만 결국은 낭패를 보게 됩니다.

요즘은 스마트 폰 등 정보통신을 이용하여 틈나는 대로 상식은 물론 교양을 넓힐 수 있는 기회가 많습니다. 시간이 없다는 탓을 하기 전에 그 시대의 흐름에 관심을 가지고 주변 사람들의 말에 귀를 기울이는 등 상식을 넓히기 위한 스스로의 노력이 필요합니다. 인간관계 중 가장 당황스러운 경우는 상식이 없는 사람을 상대해야 할 때입니다.

실수에서 자유로운 사람은 없다

"Mistakes are always forgivable, if one has the courage to admit them."

"실수를 받아들일 용기가 있다면 항상 용서될 수 있다."

이소룡 Bruce Lee

　　실수에서 자유로운 사람은 없습니다. 누구나 실수할 수 있기에 자신의 실수를 사실대로 털어놓으면 생각보다 별 문제가 되지 않으며 또한 신뢰를 쌓을 수 있는 기회가 됩니다. 잘못은 빨리 시인하고 개선할 방법을 모색하는 게 최선입니다. 작은 실수를 감추려다 계속 무리하게 행동하게 되고 결국은 큰 일로 비화되는 경우가 적지 않습니다. 우리가 살고 있는 이 세상은 당신의 어느 정도 실수는 포용할 수 있으며 포근히 감싸줄 아량도 가지고 있는 곳입니다.

처음부터 친구인 경우는 없다

"There are no strangers here; Only friends you haven't yet met."

"여기에 낯선 사람은 없습니다.; 단지 아직 만나지 않은 친구들이 있을 뿐입니다."

윌리엄 예이츠 William Butler Yeats

한때 유럽 전역에서 맹위를 떨치던 켈트족(Celts, 인도유럽인)이었지만 강력하게 힘을 키운 로마인과 게르만 족에 쫓겨 스코틀랜드와 아일랜드에서 겨우 명맥만 유지하게 됩니다. 그나마 아일랜드는 영국의 반식민지 상태로 지내다 1850년을 전후해 감자 기근(Potato famine)으로 백만여 명에 이르는 아사자가 속출한 끝에 미래를 기약할 수 없는 신대륙 아메리카로 이민합니다. 형편이 좀 나은 사람들은 아메리카로 거주지를 옮기지 않고 잔류했지만 민족이 뿔뿔이 흩어지는 슬픔까지 극복하진 못했을 것입니다. 다음은 조국을 떠나는 사람들에게 윌리엄 예이츠가 울면서 한 말입니다.

"처음부터 친구인 경우는 없습니다. 낯선 사람을 만나려면 약간의 용기가 따릅니다. 하지만 이 작은 고비만 넘기면 친구가 되고 새로운 세상이 열립니다. 여러분 그 곳에는 여러분이 아직 만나지 못한 좋은 친구들이 기다리고 있습니다."

행복은 목표가 아닌 부산물

"Happiness is not a goal; it is a by-product."

"행복은 목표가 아니다; 부산물이다."

엘리너 루스벨트 Eleanor Roosevelt

어떤 일은 사회적 위신이 그다지 높지 않은데도 큰 만족감을 주기도 합니다. 자신의 처지가 곤란함에도 자신보다 어려운 이들을 도우며 기쁨을 느끼는 자원봉사자, 사람들에게 아름다운 감동을 주기위해 작품을 만들며 희열을 느끼는 예술가 등, 필자는 그들을 보면서 행복이란 자신이 행하는 활동의 부산물이라는 생각을 해봅니다.

다른 사람에게 꼭 필요한 존재가 되고 자신의 분야에서 달인이 되었을 때 이런 경향이 두드러집니다. 그들에게선 자신의 일에 대한 자부심이 엿보입니다. 자신의 일에 대한 자부심을 지니고 있는 사람은 행복한 사람입니다.

건강과 망각은 행복의 필수

"Happiness is nothing more than good health and a bad memory."

행복이란 좋은 건강과 나쁜 기억력 이외에는 아무것도 아니다.

알버트 슈바이처 Albert Schweitzer

행복하려면 건강은 필수입니다. 또한 살다보면 필연적으로 생기게 마련인 나쁜 기억은 빨리 잊어버리는 것이 좋습니다. 불쾌한 기억을 잊는 방법은 현실을 부정하기보다는 인정하고, 삶에서 불리한 상황이 자신에게만 닥치는 것이 아님을 깨달아야 불운을 수용하고 극복할 수 있습니다. 특히 좋아하는 운동을 하거나 책을 읽는 동안에는 불과 얼마 전 일어난 불행한 일도 잊게 됩니다.

행복한 결혼생활을 위해서는
기대치를 낮추라

"Women marry men hoping they will change. Men marry women hoping they will not. So each is inevitably disappointed."

여자들은 남자들이 변할 것이라고 희망하며 결혼한다. 남자들은 여자들이 변하지 않을 것이라 기대하며 결혼한다. 따라서 결국은 서로 실망한다.

알버트 아인슈타인 Albert Einstein

이 글을 읽어보면 아인슈타인 박사는 천재 물리학자지만 남녀관계의 법칙에도 정통했던 것 같습니다. 상대성 원리를 설명하는데도 남녀의 예를 들어서 설명할 정도였으니까요.

여성은 남성이 자신이 기대하는 바에 미치지 못하거나 결점이 많다는 생각에 '그것을 어떻게 고칠까?' 하고 고민을 합니다. 하지만 그런 생각은 하지 않는 편이 좋습니다.

남자들 또한 여자가 늘 사랑스럽고 젊음과 아름다움이 영원할 것이라 생각해선 안 됩니다.

모든 것은 변합니다. 사랑이 사람을 변화시킬 만큼 위대한 힘을 가졌다 해도 시간이 지나면 그 힘은 쇠퇴하기 마련입니다. 그 변화가 자연스럽다는 것을 인정하고 이해해야 서로에게 실망하지 않게 됩니다.

참된 인간성의 폭과 깊이는 무한하다

You must not lose faith in humanity. Humanity is an ocean; if a few drops of the ocean are dirty, the ocean does not become dirty.

인간성에 대한 믿음을 잃어서는 안 된다. 인간성이란 대양과 같은 것이다; 몇 방울의 물이 더러워진다고 해서 대양이 더러워지지는 않는다.

인격이 훌륭한 사람일지라도 종종 크고 작은 실수를 합니다. 오히려 사소한 실수가 그의 인간적인 면모를 부각시키기도 합니다. 실수를 할지라도 여전히 그가 사람들에게 인격자로 대접을 받는 이유는, 전체적인 관점에서 볼 때 그의 인간성이 큰 결함이 없기 때문입니다.

〈달과 6펜스〉의 저자 윌리엄 서머셋 몸은 "아마도 나에게 말을 더듬는 핸디캡이 없었다면 모범생인 나의 형들처럼 캠브리지 대학 졸업 후 교단에서 따분한 프랑스 문학을 강의하고 있었을 것"이라고 한 잡지사 기자와의 인터뷰에서 말했습니다.

부유하고 좋은 집안에서 태어나 아무런 어려움 없이 성장하고 평탄한 인생을 누리다 간 사람들 중에 후세 사람들의 기억 속에 오래도록 기억되는 사람은 그리 많지 않습니다.

August

8월 / 나의 방식이 옳았다

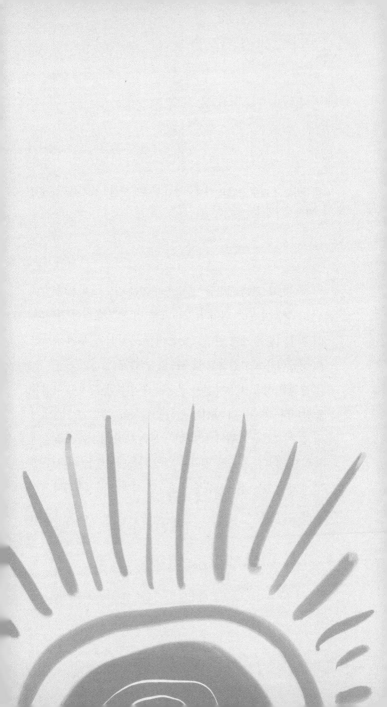

성공한 인생이란

If you have lived well, laughed often, and loved much, consider yourself a success.

잘 살아왔고, 자주 웃었고, 사랑도 많이 했다면, 당신스스로 성공한 사람이라고 생각하라.

　자신만을 위한 시간을 낼 수조차 없을 정도로 바쁘다면 과연 그 성공이 무슨 의미가 있는지 한 번 생각해 봐야 합니다. 성공의 기준은 계속 변하고 있는데 혹시 당신은 부의 축적만이 성공이라고 고집하고 있지는 않습니까?

　진정한 성공이란 자신이 결정할 수 있는 부분이 많아짐을 뜻합니다. 언제든지 자신이 원하는 활동을 위한 여가를 내어질 좋은 시간을 보낼 수 있다면 당신은 분명 성공한 사람임에 틀림없습니다. 요즘은 얼마나 멀리 가느냐보다는 어디로 어떻게 가고 있느냐는 방향성이 중요한 시대가 되었습니다.

역경에 대처하는 것이 감독자의 역할

Supervisors are paid to deal with adversity, not just report it.

감독자들은 역경에 대처하라고 봉급을 받는 것이지, 단순히 보고만 하면 되는 자리가 아니다.

　단순한 보고는 누구라도 할 수 있습니다. 누구라도 할 수 있는 일에 많은 급여를 지급할 헐렁한 회사는 없습니다. 보고를 할 때는 반드시 대책까지 함께 제시할 수 있는 능력이 있어야 회사로부터 인정받을 수 있고 더 높은 지위로의 진급도 가능해 집니다. 또한 현대와 같이 사회현상이 복잡하고 국제정세까지 꿰뚫고 있어야 하는 시대에는 감독자 한 사람이 모든 일에 관여하는 것이 사실상 불가능합니다. 감독자라면 최소한 자신의 위치에서 자신이 맡은 분야의 결정은 스스로 할 수 있어야 합니다. 모든 것을 상부에만 의지하면 의사결정이 느려져 조직은 동맥경화에 걸리고 맙니다.

자신의 본분에 충실 하라,
길이 열릴 것이다

The only thing an actor owes his public is not to bore them.

배우가 대중에게 갚아야 할 유일한 빚은 그들을 지루하지 않게 하는 일이다.

말론 브랜도 Marlon Brando

영화배우라는 직업에 대해 말론 브랜도가 한 말이 있습니다. "성공만 한다면 배우라는 직업은 누구나 소망하는 직업이지만 성공하지 못하면 피부병을 앓는 것보다도 못한 상황에 직면한다."

우리나라 연예계도 마찬가지지만 세계 어느 나라라고 할 것 없이 극소수의 스타급 연예인을 제외하고는 경제적으로 힘든 배우들이 많습니다.

말론 브랜도는 영화배우로서 자신의 직업에 대한 명암을 분명하게 인식하고 있던 사람이었기에 금세기 최고의 배우 중 한 사람이 될 수 있었습니다. 직업상 리스크가 큰 만큼 성공했을 때 얻을 수 있는 부와 명성 또한 크다는 것을 간파하고 그에 맞추어 노력했던 것입니다.

사업이란 물살을 거슬러 노를 젓는 것과 같다

Business is like rowing upstream - when you stop trying to advance, you automatically drop back.

사업이란 물살을 거슬러 노를 젓는 것과 같다 - 앞으로 나가는 것을 멈추면 자동으로 뒤로 밀려난다.

사업이란 단순히 돈을 버는 일이 아닙니다. 전략적인 판단, 추진력, 용기, 부단한 노력 등이 총체적으로 투입되어야 하는 종합예술입니다.

자신의 위치만 고수하면 현상을 유지할 수 있다고 생각할 수 있지만 현 상황을 유지하기 위해서도 적지 않은 노력이 투입되어야 합니다. 또한 체스(chess) 게임의 병사처럼 일단 전진하면 뒤로 후퇴할 수 없는 것이 사업입니다.

가난도 시간이 지나면 추억이 된다

When we are young we try to hide our poverty. When we grow older we brag about it.

우리가 젊을 때는 가난을 숨기려 한다. 나이 들면 가난에 대해 자랑을 늘어 놓는다.

　부모의 사회·경제적 지위가 자신들의 능력이나 운과 전혀 상관이 없음에도 청소년기의 젊은이들은 부모의 경제적 형편이 좋지 않다는 문제로 인해 마음에 큰 상처를 받기도 합니다. 그러나 꿈이 있는 젊은이라면 집안의 경제적 형편이 넉넉지 못하다고 불평하기 전에 가난을 극복하겠다는 결심이 필요합니다. 즉 경제적인 향상을 위해 부단히 노력하되 가난에 대해 부끄럽게 생각할 이유는 전혀 없다는 것입니다.

　당신이 지속적으로 부모를 원망하는 삶을 살거나 특별히 운이 나쁘지 않다면, 대개 나이가 들면 경제력도 현저히 개선되므로 힘들었던 때와 대비해 행복을 느끼게 되고 또 가난했던 시절이 수치스럽지 않게 생각될 것입니다.

인간관계는 타이밍이다

There are three times when you should never say anything important to a person: when he or she is tired or angry, and when he or she has just made a mistake.

누군가에게 뭔가 중요한 일에 대해 결코 말하면 안 되는, 세 가지 경우가 있다: 그 사람이 피곤하거나 화가 나 있을 때, 그리고 막 실수를 저질렀을 때다.

사람이란 지위 고하를 막론하고 누구나 약점을 건드리면 감정적이 됩니다. 사람은 생각보다 이성적이지 못할 때가 많은 동물이기 때문입니다. 그래서 누군가에게 왜 그러냐고 따지기 전에 자신은 그렇지 않은지 돌아볼 필요가 있는 것입니다.

《삼국지》,《조선왕조실록》을 읽다 보면 적절한 타이밍에 간언을 해 최고 권력자의 신임을 한 몸에 받는 예도 있지만, 그 적절한 타이밍을 간파하지 못하여 참화를 입는 경우도 있었음을 우리는 역사적인 사실을 통해 깨달을 수 있습니다.

생각은 결국 운명이 된다

A man is but the product of his thoughts. What he thinks, he becomes.

사람이란 자신이 생각하는 것의 산물이다. 그가 생각하는 대로 된다.

마하트마 간디 | Mahatma Gandhi

낙관적인 조건 하에서는 누구나 긍정적인 생각을 할 수 있습니다. 그러나 부정적인 상황에서도 긍정적인 생각을 해야 합니다. 생각이 행동을 낳고, 행동은 습관을 낳으며, 습관은 성격을 만들고, 성격은 그 사람의 운명을 좌우합니다. 도저히 낙관할 만한 근거가 없는 상황에서도 희망을 잃지 않고 정진해야 운명의 여신마저 굴복시킬 수 있습니다.

재충전을 위한 적절한 수면과 휴식

Go to bed. Whatever you're staying up late for isn't worth it.

잠자리에 들라. 무슨 이유라도 늦게까지 자지 않는 것은 그만한 가치가 없다.

앤디 루니 Andy Rooney

    카알 힐티는《잠 못 이루는 밤을 위하여》라는 자신의 저서에서 '잠 안 오는 밤까지도 신(神)이 주신 은총'이라고 했지만 필자가 겪은 잠을 못 이루는 불면의 고통은 도저히 감사할 수 없는 경험이었습니다.

    지구상에서 인간을 비롯한 자기들의 세계를 지배하는 강한 동물들은 대개 일이 끝나면 적절한 수면으로 에너지 충전을 합니다. 불안한 마음에 늘 움직이고 주변을 경계하는 동물들은 거의 약자에 속합니다.

    노동을 해야만 생계를 꾸려나갈 수 있었던 우리의 기성세대는 노는 일에 익숙하지 않다 보니 막상 휴식시간이 주어져도 무엇을 할지 몰라서 허둥대곤 합니다. 노벨 문학상을 수상한 아일랜드의 극작가 겸 소설가 버나드 쇼는 "우리는 놀지 않기 때문에 늙는다."고 했습니다.

자기애가 지나치면

People who will not admit they've been wrong love themselves more than they love the truth.

자신이 잘못한 것을 받아들이지 않는 사람들은 진리보다는 자신을 더 사랑하는 사람들이다.

사신이 믿고 있는 사실만을 진실이라고 생각하고 있기 때문에 사실관계가 명백함에도 끝까지 자신의 잘못된 생각을 인정하지 않으려 하고, 많은 사람들이 인정하고 있는 사실을 수용하지 않는 사람들이 있습니다.

그들은 지나친 자기애를 지니고 있기에 다른 사람의 의견에 귀를 기울이지 않는 것입니다. 그들에게는 조언보다 냉엄한 현실에 직면하여 결과를 직접 겪게 하는 것이 최선책일 수 있습니다.

사색과 신체적 활동의 균형이 중요하다

Action may not always bring happiness; but there is no happiness without action.

행동이 항상 행복을 가져오는 것은 아니지만 행동이 없이는 행복 또한 없다.

벤자민 디즈렐리 Benjamin Disraeli

실제로 몸을 움직여야 행복을 느끼게 하는 '도파민'이라는 화학물질이 체내에서 생성된다는 연구결과가 있습니다. 인간의 진정한 힘이 사유(思惟)에서 나오긴 하지만, 생각이 너무 지나치면 혼란에 빠질 수 있습니다. 꾸준한 사색과 신체적 활동이 조화를 이루어야 혼란함과 우울증이 끼어들 틈이 없습니다.

파리(fly)도 허공을 날고 있을 때가 가장 안전한 법입니다. 아무 생각 없이 벽에 붙어 있는 파리는 머지않아 날벼락과 같은 비운을 맞이하게 됩니다. 생각하고 움직여야 안정과 행복이라는 결과가 나옵니다.

능력을 알아주는 곳이 최고다

Employees like to be treated well, but they also want to be used well.

종업원들은 대우받기를 원하지만 또한 자신들이 제대로 쓰이기를 원한다.

이직을 결심하는 사람들의 마음은 급여의 많고 적음의 문제가 아니라 자신의 능력을 발휘할 수 있는 곳이 아니거나 그 직장에서는 자신의 능력을 발휘할 기회가 주어지지 않을 때 이직을 결심하게 됩니다. 누구나 자신이 받는 급여 이상의 역할을 하고 싶은 마음이 있습니다.

직원들이 무능하다고 탓하기보다 직원의 특성을 파악하여 그에게 알맞은 일을 시켜보면 우려했던 것보다 훨씬 뛰어난 능력을 가지고 있음을 깨닫게 됩니다. 직원의 능력을 파악하고 적재적소에 투입하는 것이 사업하는 사람의 성공의 비결입니다.

두려움을 극복하는 방법

The only way to conquer fear is to keep doing the thing you fear to do.

두려움을 정복하는 유일한 길은 당신이 두려워하는 일을 계속하는 것이다.

피할 수만 있다면 누구나 두려워하는 일을 하지 않을 것입니다. 하지만 대부분의 사람들은 두려워도 어쩔 수 없이 그 일을 해야 합니다. 그렇다면 이왕 해야 할 일이라면, 즐거운 마음으로 해야 숙달도 되고 적응이 되어 두려움 없이 해낼 수 있게 됩니다.

진정한 프로는 감정의 기복에 따라 결과가 달라지지 않을 정도의 자제력이 있고 일에 숙달된 사람을 뜻합니다. 성공한 사람들의 한 가지 공통점이라면 자신이 하는 일의 두려움을 극복한 사람들이라는 것입니다.

말잔치만 무성하면

What this country needs is fewer fact-finding committees and more fact?facing committees.

이 나라에는 사실을 발견하는 위원회보다 사실에 적극적으로 맞서는 위원회가 더 필요하다.

위원회가 많은 정부나 대기업치고 잘되는 경우는 별로 없습니다. 흔히 한 국가나 기업의 쇠퇴기에는 적극적인 행동보다는 말잔치만 무성한 것을 목격하게 됩니다.

한국이 반도체 사업 등에서 세계를 석권하고 있는 것은 이들 사업이 요구하는 기민성(agility)을 갖추고 있었기 때문입니다. 물론 반도체 관련 제품은 신뢰성(reliability)이 생명이지만 제품을 빨리 사용하고픈 고객들의 마음을 헤아리지 못하면 순식간에 도태되는 결과를 초래합니다. 어느 기업이 설명회를 개최하는 사이에, 고객의 취향에 정통한 기업의 제품은 이미 시장을 석권하고 있습니다.

진정한 경쟁력의 척도

The real measure of your wealth is how much you would be worth if you lost all your money.

진정한 부의 척도는 당신이 돈을 모두 잃었을 때, 당신의 가치가 얼마나 되느냐에 달려 있다.

실제로 사업이 망했거나 투자에 실패하여 재산을 다 잃게 되는 일이 생길 수 있습니다. 이런 절망적인 상황과 시기를 거뜬히 견뎌낼 수 있는 힘에는 세 가지가 있는데, 그것은 바로 용기와 건강 그리고 자신만의 기능이나 자격입니다. 이 세 가지는 무형의 가치지만 역전 드라마를 펼칠 수 있는 최고의 자산입니다. 여기에 인생의 변치 않는 반려자까지 있다면 이 세상에서 다시 일어서지 못할 일이 무엇일까요?

칭찬의 효용성

It is more difficult to praise rightly than to blame.

비난하는 것보다 제대로 칭찬하기가 더 어렵다.

토마스 풀러 Thomas Fuller

칭찬은 특히 구체적이고 사실에 기초하고 있을 때나 또한 사람들이 보통 간과하기 쉬운 부분을 알아줄 때 효과가 높습니다. 적절하게 칭찬하는 습관이야말로 인간관계를 부드럽게 하고 자신의 지지자를 늘리는 가장 경제적이고 효과적인 방법입니다.

정신분석의 창시자 프로이트는 어느 날 자신을 위한 축제에 참석하기를 거부하면서 다음과 같이 말했습니다.

"누군가 나에 대해 욕을 하면 나 자신을 방어할 수 있지만 칭찬에 대해서는 방어할 수가 없다"

나의 방식이 옳았다

Few things make us feel better than having our judgment vindicated.

우리의 판단이 옳았다고 입증되는 것보다 우리를 기쁘게 하는 것은 없다.

18년 동안이나 외롭고 고통스러운 유배생활을 한 다산 정약용은 그 긴 세월을 연구와 후학 육성에 투자하는 등 창조적인 시간으로 소비한 결과 조선 최고의 실학자로 후세에 그 이름을 남겼습니다. 다산을 추모하고 기념하는 행사에 가보면 새삼 그의 위상을 실감하게 됩니다. 비록 다산 정약용은 당대에는 자신의 업적을 인정받지 못했으나 그의 업적은 후세의 사람들에 의해 인정되었습니다. 그가 남긴 위대한 업적은 군왕이나 웬만한 장군과 비견할 수 없을 정도로 위대합니다.

사업에서 크게 성공하거나 사회적으로 높은 위치에 도달한 사람들이 행복을 느끼는 이유는 명예나 부유함보다는 자신의 방식이 옳았다는 것을 증명한 것입니다. 자신의 판단이 옳았음이 세상에 입증되는 것보다 더 큰 성공에 대한 보상은 없을 것입니다.

사람은 자신을 모른다

People who tell you what kind of people they are usually aren't.

자신이 어떤 종류의 사람이라고 말하는 사람은 대개 그런 사람이 아니다.

누구나 조금씩은 자기스스로가 생각하는 자신의 이미지와 사회에 투영되는 이미지 사이에 어느 정도 차이점이 있을 수 있습니다. 이를 '오인된 정체성(mistaken identity)'이라고 말하는데 그에 대한 괴리감이 심한 경우 정신치료를 받아야 하는 경우도 있습니다. 자기 자신을 너무나도 모르는 사람들을 만날 때 사실대로 말해줘야 하나 모른 척 넘어가야 하나 난감할 때가 있습니다.

내뱉은 말은 되돌리기 힘들다

A slip of the foot you may soon recover from, but a slip of tongue you may never get over.

실족은 곧 회복할 수 있지만 실언은 결코 극복하지 못할 수도 있다.

어느 날 필자는 고등학교 선배와 골프연습장에 간 일이 있는데 선배가 어떤 중년 여성과 시비가 붙었습니다. 필자가 객관적으로 판단하기에 그녀의 잘못이 훨씬 더 컸음에도 불구하고 선배는 자신의 분노를 그대로 표출하지 않고 적절한 수준에서 잘 마무리 하는 모습을 보여주었습니다. 필자는 화를 조절하는 선배의 모습에 깊은 감명을 받았습니다.

자신의 의사는 적절하고 정확하게 표현해야겠지만 한 번 내뱉은 말은 되돌릴 수 없으니 신중해야 합니다. 특히 사실관계가 명확하지 않은 말, 남을 흉보는 말, 상대에게 모욕감을 줄 수 있는 말 등은 각별히 주의해야 합니다. 언행에는 항상 책임이 따른다는 사실을 명심하세요.

자신감이 최고의 무기다

Self-confidence is the first requisite to great undertakings.

자신감이야말로 위대한 일에 착수하기 위한 첫 번째 필수사항이다.

새뮤얼 존슨 Samuel Johnson

　수려한 외모는 자신감을 갖게 되는 기본적인 요소이지만 외적인 모습보다 더욱 매력적인 사람은 자신감이 넘치는 사람입니다. 특히 자신이 하고자 하는 일에 대한 안목과 통찰력 그리고 낙관적인 자세는 스스로 자신감을 갖게 하며, 이러한 특질을 갖추기 위해서는 늘 배우고 경청하는 태도를 견지해야 하는 것은 필수요소입니다.

　놀라운 집중력과 자신감을 필요로 하는 국제대회 같은 데서 경쟁자를 의식하지 않고 오로지 연습을 통해 연마한 기량에 근거한 자신감으로 최고의 자리에 오르는 모습에 우리는 깊은 감동을 받습니다.

꿈은 젊음을 유지하는 최고의 비결

A man is not old until regrets take the place of dreams.

사람이란 후회가 꿈을 대신하기 전까지는 늙은 것이 아니다.

존 배리모어 John Barrymore

나이에 구애받지 않고 당당히 자신의 꿈을 펼쳐 나가는 사람들은 놀라울 정도로 젊음을 유지하는 경우가 많습니다. 의학적으로도 생활습관, 인생에 대한 태도 여하에 따라 생체 나이가 다르다고 합니다.

필자는 종종 현재 목표로 하고 있는 일을 멋지게 이룬 다음, 술맛이 뛰어나고 아름다운 해변이 펼쳐 있는 미국령 서사모아 제도 투투일라 섬에 있는 파고파고만의 야자수 사이로 비치는 장밋빛 석양을 받으며 와인도 한 잔하면서 편한 휴식을 취하고 있는 로맨틱한 장면을 상상하곤 합니다.

청춘은 고뇌의 계절

My idea of hell is to be young again.

내가 생각하는 지옥은 다시 젊은이가 되는 것이다.

마지 피어시 Marge Piercy

　우리는 인생을 회상하며 청춘시절이 좋았었다고 말합니다. 하지만 대개 청춘기에는 경제적으로 열악하고 사회적으로는 미약하며 장래도 불투명하기 때문에 대부분의 젊은이들은 힘든 시절을 보냅니다.

　그럴지라도 젊은이에게는 무한한 가능성이 열려 있기에 청춘의 가치는 그 어떤 것으로도 환산이 불가능합니다. 청춘의 시기는 육체(flesh)만으로 위대한 영감(inspiration)이 되는 때입니다.

착한 사람이 결국은 승리한다

It is better to be beautiful than good, but it is better to be good than ugly.

착한 것보다는 아름다운 것이 낫지만 못생긴 것보다는 착한 것이 낫다.

오스카 와일드 Oscar Wilde

아름다운 것에 끌리는 것이 인간의 본성이지만 우리의 기억에 남는 사람은 착하고 선량한 사람들입니다.

사실 선한 것이 가장 좋은 것이지만 인간의 마음이란 반드시 올바른 방향으로만 움직이지는 않습니다. 특히 요즘은 본질보다 포장을 중시하는 경향이 우세한데 그러한 현상은 어찌 보면 외형이 화려해지고 그를 뒷받침할 소도구들이 많아지다 보니 미처 내실을 기할 여력이 안 되기 때문일 수도 있습니다.

몰입이 명작을 만든다

Tell me to what you pay attention and I will tell you who you are.

당신이 집중하고 있는 것이 무언지 알려주면 당신이 어떤 사람인지 얘기해 주겠다.

호세 오르테가 이 가세트 Jose Ortega y Gasset

관심을 가지면 알게 되고, 알면 좋아하게 되며, 좋아하면 즐겨 반복하게 되고, 반복하면 명장을 만듭니다. 이렇듯 관심이 그 사람의 미래를 만듭니다. 단 가치 없는 일에 관심을 갖게 되면 사안에 따라 무능력자가 되거나 사회적인 비난이 따를 수 있습니다.

위대한 인물들의 전기를 읽어보면 위인들은 자신의 일에 깊은 관심과 비상한 노력을 통해 대가가 된 것임을 알 수 있습니다. 몰입이 명작을 만들고 명작은 인류 가슴속에 영원히 살아남습니다. 현재 무슨 일을 하든지 자신의 분야에서 충분한 시간을 집중하여 일을 하면 어느 정도의 경제적인 자립과 함께 자신이 속한 커뮤니티에서 존경 받을 수 있습니다.

기회의 문이 닫혔다고 생각될 때

When one door closes, another opens; but we often look so long and so regretfully upon the closed door that we do not see the one which has opened for us.

한쪽 문이 닫히면 다른 문이 열린다; 하지만 우리는 닫힌 문을 너무 오랫동안 지켜보기에 열려 있던 문을 놓친다.

알렉산더 그레이엄 벨 Alexander Graham Bell

　궁하면 통한다는 '궁즉통(窮則通)'이란 말이 있습니다. 조금만 더 견디면 해결의 실마리가 보이는데 많은 사람들이 성공하기 직전에 포기하곤 합니다. 자신이 나아갈 문이 닫혔다고 생각될 때는 얼른 눈을 돌려 다른 열린 문을 찾아보세요. 해결책은 의외로 단순한 경우가 많습니다.

　온갖 위험과 어려움을 이겨내고 아프리카 대륙을 횡단해 마침내 오카방고에 도달하는 저 코끼리들처럼, 마지막을 견디는 사람들은 끝내 우유와 술이 흐르고 노란 꿀이 상수리나무에서 떨어지는 낙원에 도달할 수 있습니다.

적을 공략하는 우회적인 방법

The best way to destroy an enemy is to make him your friend.
적을 파괴하는 최선의 방법은 그와 친구가 되는 것이다.

에이브러햄 링컨 Abraham Lincoln

　　상대가 너무나 강력해서 도저히 파멸시킬 수 없다면 차라리 그와 친구가 되는 방법을 모색하는 편이 낫습니다. 상대해야 할 적이 많으면 방어하는데 많은 에너지와 신경을 집중하느라고 악순환이 끊이지 않게 됩니다. 그러나 적이 동지가 되면, 방어에 드는 불필요한 힘을 절약할 수 있을 뿐만 아니라 힘이 합쳐지니 몇 배의 에너지가 생깁니다.

경험보다 좋은 교사는 없다

Everyone is a prisoner of his own experiences.

누구나 자신이 가진 경험의 포로다.

　경험도 학습의 일종으로 경험보다 훌륭하고 완벽한 교사는 없습니다. 경험을 배움으로 승화한 인간의 습관이 바로 이 지구 행성의 절대적인 지배자로 군림케 한 힘입니다.

　사람은 자신의 경험에 근거하여 무엇을 선택하고 판단을 합니다. 그래서 많은 것을 경험하면 그 경험을 통해 많이 깨닫게 되고 원숙한 인간으로 성장하게 됩니다. 또한 경험 밖의 일에 대해서는 자신의 한계를 인정하고 열린 마음으로 해당 분야의 지식을 습득하려는 노력이 필요합니다.

일단 사람을 채용하면 의심하지 말라

The best executive is the one who has sense enough to pick good men to do what he wants done, and self-restraint enough to keep from meddling with them while they do it.

최고의 중역은 그가 원하는 일이 이루어지도록 훌륭한 사람을 선발하는 감각을 가지되, 사람들이 일하는 동안 간섭하지 않을 자제력이 있는 사람이다.

데어도어 루스벨트 Theodore Roosevelt

'의심스러운 사람은 쓰지 말고 사람을 쓰면 의심하지 말라 (疑人莫用 用人勿疑)'는 말이 있습니다.

간섭과 지원은 다릅니다. 조바심을 가지고 일일이 간섭하면 즉각적인 효과는 거둘 수 있겠지만 부하가 성장하지를 못합니다. 책임자 입장에서 업무가 교착상태에 빠졌을 때, 약간의 지원은 필요하지만 전적으로 도와주면 귀중한 경험을 얻지 못합니다.

진정한 인재는 자신을 믿고 맡긴 일을 훌륭히 해내는 사람입니다. 성공적인 기업의 오너들은 그런 인재들을 적시적소에 투입할 줄 아는 용인(用人)의 달인들입니다.

고려가 원나라에 등을 돌리고 신흥국인 명나라와 국교를 연 것도 원나라의 지나친 내정간섭 때문이었습니다.

인류를 지탱한 힘

We must love one another or die.

우리는 사랑하지 않으면 죽어야 한다.

W.H. 오든 W.H. Auden

사랑에도 종류가 많습니다. 치정에 가까운 사랑(infatuation), 따뜻한 애정(affection), 욕정에 치우친 사랑(desire), 마음이 끌린 상태(inclination), 애착(attachment), 동경(yearning), 불꽃과 같은 사랑(flame), 헌신적인 사랑(devotion), 환상적인 사랑(fancy), 동정에서 나온 사랑(sympathy), 일반적인 사랑(love), 일시적으로 반하는 사랑(crush) 등이 있습니다.

사랑에 등급이 있는 것은 아니지만 일시적인 사랑보다는 아무래도 오랫동안 타오르는 열정이 가치가 더 큰 것이 아닐까 생각해 봅니다. 필자는 마음껏 사랑한 것을 추억하는 사람은 보았지만, 열렬히 사랑한 일을 후회한다고 하는 사람은 지금까지 들어본 적도, 만나본 적도 없습니다.

약속은 신중히 하라

Those who are slowest in making a promise are often the most faithful in its performance.

약속을 늦게 하는 사람일수록 충실히 이행하는 경우가 많다.

약속을 남발하거나 성급하게 약속을 하는 사람치고 자신이 한 약속을 제대로 지키는 사람은 별로 없습니다. 개인뿐 아니라 조직의 관리자 또한 당장의 편의만 생각하여 약속을 남발하면 머지않아 부하들의 신뢰를 잃고 목표를 달성할 수 없게 됩니다.

미국 정부도 남북전쟁 후 해방된 노예들에게 40에이커의 땅과 노새 한 마리씩을 주겠다고 약속했지만 그 약속은 지금까지도 지켜지지 않고 있습니다. 잠시 어려운 입장을 모면하기 위해 지키지도 않을 약속을 하면 한층 높아진 기대감이 실망감으로 변하게 되고, 그 실망감은 반드시 분노로 표출되어 더욱 큰 참화를 겪게 됩니다.

인간과 동물의 차이점

We've finally figured out what distinguishes humans from all the other beasts: financial worries.

우리는 인간이 다른 짐승과 구별되는 것을 알게 되었다: 바로 재정적인 걱정이다.

우리는 어떤 동물을 가리켜 '저 동물은 지능이 뛰어난 고등 동물이다'고 얘기하지만 그 고등동물이 돈 문제 때문에 머리 아파하는 일은 상상조차 하지 않습니다.

재정문제는 확실히 인간만의 문제인 것은 틀림없습니다. 하지만 지나친 돈 걱정은 금전에 대한 비뚤어진 철학이 형성될 수 있습니다. 특히 자녀교육에 있어 올바른 경제관념이 형성되도록 부모의 올바른 교육과 처신이 중요합니다. 죽을 때까지 재정적인 굴레에서 벗어날 수 없는 것이 인간의 삶이라지만 한편으론 이것에 대한 걱정으로 인해 죽음에 대한 두려움이 상당부분 경감될 수 있지 않았나 하는 생각을 해봅니다.

September

9월 / 새로운 것을 동경하는 인간

부작용이 없는 유머를 즐겨라

Humor is by far the most significant activity of the human brain.

유머야말로 인간의 두뇌활동 중 단연 최고로 중요한 것이다.

에드워드 드 보노 Edward de Bono

우리가 알고 있는 고등동물 중 그 어느 동물도 언어의 유희를 즐기진 못합니다. 물론 동물도 장난을 즐기지만 생존을 위한 본능적인 학습의 일부일 뿐입니다. 최상의 언어의 유희인 유머는 확실히 인간만의 특권이며 인생을 살아가면서 반드시 직면하게 되는 스트레스(stress)와 긴장(strain)을 완화시켜 주는 최고의 약제라 할 수 있습니다. 또한 유머는 기본적인 처방전만 지키면 부작용(side effect)이 전혀 없는 특효약입니다.

사실을 기초로 한 농담이 최고다

My way of joking is to tell the truth. It's the funniest joke in the world.

내가 농담하는 방식은 사실을 말하는 것이다. 그것이 세상에서 가장 웃기는 것이다.

조지 버나드 쇼 George Bernard Shaw

인간사회의 온갖 규범과 체면의 이면을 들추어내는 유머는 억압된 사회일수록 사람들의 호응을 받습니다. 그런 점에서 인간의 탐욕을 고스란히 담고 있는 정치가 유머의 단골 소재로 쓰이고 있는 것은 결코 우연이 아닐 것입니다.

레마르크의 소설 《사랑할 때와 죽을 때》에서 주인공인 그레버가 "난 지금 농담할 시간이 없어."라고 말하는 내용이 나오는데, 극한의 상황에 있는 사람은 농담을 할 수 없습니다. 왜냐하면 여유가 없기 때문입니다.

농담할 시간조차도 없는 상태는 살아 있다고 볼 수 없는 한계상황입니다. 세상을 살면서 이런 상황은 가능한 만들지 말아야겠습니다.

새로운 것을 동경하는 인간

You always admire what you really don't understand.

당신은 언제나 이해할 수 없는 것을 동경한다.

파스칼 Blaise Pascal

인간은 이해할 수 없는 것을 파헤쳐서 이해를 해야 비로소 안도하는 본능이 있습니다. 알면 알수록 새로운 사실에 눈이 뜨이는 희열을 느낍니다.

파스칼이 수학자, 물리학자, 발명가, 작가 등 여러 분야에서 활동을 하고 업적을 낸 것은 호기심 때문이었습니다. 인간이 새로운 영역에 끝없이 도전하는 이유입니다. 인간의 이러한 호기심으로 인해 정신적·물질적 영역은 무한히 확장되었습니다. 그러나 생명현상이나 자연의 신비 중에는 아직 규명되지 않은 분야가 많습니다. 그것 또한 호기심에 잠을 이루지 못하는 사람들에 의해 하나하나 밝혀질 것입니다. 인간이 이해할 수 있는 자연과 사물의 현상에만 집중했다면 인간은 이미 오래 전에 한계에 봉착했을 것입니다.

배움으로 이해의 지평을 넓히다

Education is a progressive discovery of our own ignorance.

교육이란 우리가 무지한 것을 점진적으로 발견해 가는 것이다.

윌 듀런트 Will Durant

배움은 이해의 지평을 넓히는 동시에 자신도 오류 가능성에 빠질 수 있음을 깨닫는 과정입니다. 우리는 책을 읽은 후에 새로운 지식을 습득하게 되거나 자신이 배우고 싶었던 분야의 전문지식인을 만나서 그들을 통해 깨닫게 된 새로운 지식의 환희에 감탄하곤 합니다.

필자는 새로운 지식에 목말라 하며 배움의 고행 길을 마다하지 않고 정진한 선지자들에게 찬사와 존경을 보냅니다. 그들이 있었기에 찬란한 문명이 이 땅에 꽃피울 수 있었습니다.

공감은 소통을 원활하게 한다

You can have no influence over those for whom you have underlying contempt.

당신의 마음 밑바닥으로부터 경멸하는 사람들에 대해서는 영향력을 가질 수 없다.

마틴 루터 킹 Martin Luther King, Jr

당신이 누군가를 경멸하는 속마음이 있다면, 그에게 당신의 마음을 감추기는 쉽지 않은 일입니다. 사람은 기본적으로 동물적인 감각을 소유하고 있는 존재이기에 그러한 당신의 마음을 감지합니다. 그러면 당신은 절대로 그에게 당신의 영향력을 발휘할 수 없습니다.

현명한 지도자들은 이 점을 깨닫고 대중들과의 원활한 소통을 위해 많은 노력을 합니다. 원활한 소통이 이루어지는 시대일수록 평화의 시대입니다.

바빌론의 공중정원

Take away love and our earth is a tomb.

사랑이 없으면 우리 지구는 무덤이다.

로버트 브라우닝 Robert Browning

인류의 힘으로는 예측할 수 없었던 대재앙이나 고난 속에서도 인류를 이 행성에 존재할 수 있게 하고 번영케 한 시원(始原)의 에너지는 사랑입니다.

약 2500여 년 전, 숲이 많은 곳에서 태어나고 자란 처녀가 사막의 나라 왕에게로 시집을 와서 왕비가 되었음에도 환경에 적응하지 못하자 이를 애처로운 심정으로 지켜본 신바빌로니아의 네부카드네자르 2세가 사랑하는 왕비를 위해 구상한 것이 공중정원입니다. 바빌론의 공중정원은 당시의 기술로서는 상상하기 힘든, 한 번도 시도해보지 않았던 최첨단의 정원입니다. 때문에 당시의 사람들은 어떻게 이런 공사를 할 수 있었는지 이해하지 못했습니다. 공중정원, 사랑의 힘이 아니면 설명하기 어렵습니다. 사랑의 힘은 이렇게 대역사(大役事)를 일으키기도 합니다.

중요한 일부터 하라

Do first things first, and second things not at all.

우선 해야 할 일을 하고 그 밖의 일은 아예 하지 말라

피터 드러커 Peter Drucker

누구나 관심을 기울이는 정도의 평범한 노력으로 성취할 수 있는 영예는 거의 없습니다. 자신이 목표로 하는 뜻을 이루기 위해서는 세상의 즐거움 중 몇 개는 외면해야 할 때도 있습니다. 남들과 똑같이 누리며 남다른 성공을 바랄 수는 없기 때문입니다.

중요한 일을 우선 처리하다보면 미처 하지 못하고 지나친 일이 마음을 안타깝게 합니다. 그러나 사람의 능력과 자원은 무한정 있는 것이 아니기 때문에 그것은 당연한 일입니다. 누구나 향연을 즐기면서 노동을 병행하고 싶지만 중요한 일을 우선 처리해야 편한 마음으로 향연을 즐길 수 있습니다.

음악은 치유의 힘이 있다

He who sings scares away his woes.

노래 부르는 사람은 걱정거리를 겁주어 쫓아버릴 수 있다.

세르반테스 Miguel de Cervantes

입시공부와 취업난으로 힘든 청춘시절을 보내는 우리 젊은이들이 그토록 노래에 열중하는 이유도 노래가 지친 심신을 이완시켜주기 때문입니다.

청춘기에는 미래에 대해 확실히 정해진 게 아직 없기 때문에 불안한 마음이 있기 마련입니다. 노래에 그 마음을 담아 훌훌 날려버리면 미래에 대한 불안을 어느 정도 떨쳐버릴 수 있습니다.

늦더라도 시작하는 편이 훨씬 낫다

It is never too late to be who you might have been.

당신이 될 수도 있었던 사람이 되기에 결코 늦은 법이란 없다.

조지 엘리어트 George Eliot

세계에서 가장 뛰어난 연설가 중의 한 사람이며, 자기계발과 동기부여 전문가인 지그 지글러는 세일즈맨 생활을 하다가 기업체 임원이 되고, 40대 중반엔 동기부여 강사로 전업했습니다. 그는 《정상에서 만납시다(See you at the Top)》라는 저서로 많은 사람들에게 용기와 힘을 주었을 뿐 아니라 지금도 90세가 넘은 나이에도 당당하게 현역으로 활동하고 있습니다.

나이란 그저 숫자에 불과합니다. 열망하는 것이 있다면 나이에 상관없이 실행해야 후회하지 않는 삶이 됩니다. 변화하면 새롭게 태어난 것이나 다름없습니다. 갓난아기가 누구에게나 사랑 받는 이유는 새로운 사람이기 때문입니다.

가정은 전투에 나가기 전
휴식을 주는 곳

A house is made of walls and beams; a home is built with love and dreams.

집은 벽과 기둥으로 만들어지지만 가정은 사랑과 꿈으로 지어진다.

윌리엄 아더 워드 박사 Dr. William Arthur Ward

사랑과 꿈이야말로 인류의 삶을 지탱해준 에너지의 원천입니다. 때로는 이해할 수 없는 인류의 잔혹성과 대재앙 속에서도 살아남을 수 있었던 이유는 사랑이 있었기 때문입니다.

가정만큼 따뜻하게 우리를 감싸주는 곳은 없습니다. 치열한 생존경쟁의 장에서, 다친 영혼의 상처를 보듬어주고 다시 전투에 나갈 수 있도록 휴식을 주는 곳이 바로 가정(home)입니다.

아이들에게 줄 과자봉지를 사들고 노래를 흥얼거리며 집으로 돌아가는 가장의 모습을 보며 행복이 결코 먼 곳에 있지 않음을 깨닫습니다.

성취감에 도취되지 말고
다음을 준비하라

I still don't have all the answers. I'm more interested in what I can do next than what I did last.

나는 여전히 모든 답을 가지고 있지 못하다. 나는 내가 지난번에 무엇을 한 것보다는 다음에 무엇을 할 수 있는지에 더 관심이 많다.

찰리 신 Charlie Sheen

이미 지나간 일에 대해 간략하게 정리할 필요는 있으나 지난 과거에 연연하면 앞으로 나아갈 수 없습니다. 실패했더라도 과거의 일로부터 배운 것이 있다면 그것으로 만족해야 합니다. 성공하는 사람이나 기업은 성공의 기쁨조차 잠시 누리고 바로 다음을 준비하는 특징을 보입니다.

한때 벤치마킹 대상이었던 소니를 뛰어넘어 몇 배의 부가가치를 창출하고 있는 삼성전자의 경우, 분기당 수조 원의 당기순익을 거두는 가운데서도 '위기'라며 조직이 느슨해지지 않도록 끊임없이 독려합니다. 잠시만 방심해도 뒤처지고 좌초하는 업체를 무수히 보았기 때문입니다.

음악과 고양이만 있다면

There are two means of refuge from the miseries of life: music and cats.

인생의 고통을 피할 수 있는 피난처에는 두 가지가 있다: 음악과 고양이다.

알버트 슈바이처 Albert Schweitzer

슈바이처 박사의 고양이 사랑은 남달랐습니다. 슈바이처 박사는 두 마리의 고양이와 함께 지냈는데 시지(Sizi)라는 고양이가 슈바이처의 왼팔에 안겨 잠이 들었을 때는 슈바이처 박사는 평소엔 왼손으로 글을 쓰지만 오른손으로 글을 썼으며, 또 한 마리의 고양이인 피콜로(Piccolo)가 책상 위 서류더미에서 잠을 잘 때는 고양이가 잠에서 깬 후에야 기다렸던 사람에게 서류를 건네주었다고 합니다.

반려동물을 기르고 음악을 즐기는 사람치고 일상이 활기차지 않은 사람은 드뭅니다. 반대로 불행한 삶을 사는 사람들의 공통적인 특징은 음악에 거의 관심이 없으며 현실적으로 이룰 수 없는 물질적인 삶에 집착하고 절망한 나머지 의욕을 상실한다는 것입니다.

웃어라, 행복이 찾아올 것이다

Laugh and the world laughs with you.

웃어라. 그러면 세상도 너와 함께 웃을 것이다.

　세상일이 자기 뜻대로 되지 않는 경우가 있습니다. 그래서 세상을 원망하며 찌푸린 모습을 다른 사람에게 보일 때가 많습니다. 그도 그럴 것이 마음이 어두운데 어떻게 웃음이 나올 수 있을까요? 특히 사회·경제적으로 독립한 후에는 책임감의 무게와 냉정한 경쟁사회의 긴장감으로 인해 웃는 표정을 좀처럼 지을 수 없는 것 또한 사실입니다. 하지만 보편적으로 세상사가 작동하는 원리, 즉 인생사가 고통이며 그것을 극복하는 과정의 연속이라는 깨닫게 되면 세상과 사람을 좀 더 이해하게 되고 보다 따뜻한 시선으로 바라볼 수 있게 됩니다. 그 고통을 이겨내는 힘이 바로 웃음입니다. 웃음은 비극적 운명조차도 비켜갈 수 있는 힘이 있습니다.

사랑도 화초처럼 관리가 필요하다

I think the main reason my marriages failed is that I always loved too well but never wisely.

내 결혼이 실패한 주요 원인은 나는 항상 사랑을 너무 잘했지만 현명하게 하지 못했기 때문이라 생각한다.

에바 가드너 Ava Gardner

배우 에바 가드너는 명성, 재력, 그리고 당대 최고의 미모를 갖췄지만 세 번의 결혼에서 모두 실패합니다.

누구나 처음의 마음과는 달리 결혼 생활이 순탄하지 않을 수 있습니다. 그러나 사람마다 처한 상황이 모두 다르기에 일률적인 처방이 있을 수는 없겠지만, 사랑도 관리를 못하면 실패할 수밖에 없습니다. 사랑도 화초처럼 지극한 정성이 없이는 유지할 수 없기 때문입니다.

지금 안하면 기회는 영원히 없다

If you don't have time to do it right, when will you have time to do it over?

지금 당장 할 시간이 없다면, 언제 그것을 다시 할 시간이 있겠는가?

존 우든 John Wooden

쇳덩이를 이용해서 원하는 도구를 만들기 위해서는 쇠가 뜨겁게 달구어졌을 때 내리쳐야 하듯이, 자신이 목표로 하는 일은 열정이 있을 때 추진해야 목표에 도달할 수 있습니다. 해야 할 일을 미루게 되면 열정이 차갑게 식어버려서 의욕이 상실됩니다. 또한 상황이 바뀌거나 여러 가지 처리해야 할 일이 생겨 시간을 낼 수 없게 되기도 합니다. 우유부단하여 실천하지 않으면 기회는 영원히 달아나버리고 맙니다.

가혹한 정치는 맹수보다 무섭다

An oppressive government is more to be feared than a tiger.

폭압적인 정부는 호랑이보다 무섭다.

공자 Confucius

'가렴주구(苛斂誅求)'라는 사자성어가 있습니다. 세금을 가혹하게 거둬들여서 백성을 못살게 들볶는 것을 뜻합니다. 국가의 행정부가 비대해지면 필연적으로 세금이 늘어나고 국민의 공복인 공무원이 마치 벼슬아치인양 도리어 상전(上典) 노릇을 하는 풍토가 조성됩니다.

레이건 전 미국 대통령은 대국민 연설에서 이런 문제점을 자주 강조했습니다. 정부가 제구실을 잘 하지 못하는 나라치고 국제사회에서 인정받는 국가는 없습니다.

기본기가 중요하다

There are no secrets to success. It is the result of preparation,
hard work, and learning from failure.

성공의 비결은 없다. 준비, 열심히 일하는 것 그리고 실패로부터 배운 결과일 뿐이다.

콜린 파월 Colin Powell

일을 제대로 해내려면 준비는 필수적입니다. 성공하는 사람의 공통점이라면 기본을 갖추고, 최선을 다하며, 실패를 통해 얻은 귀중한 경험을 바탕으로 방향과 궤도를 끊임없이 수정, 보완하며 결국 목적지에 도착하고야 말겠다는 강한 의지의 소유자라는 것입니다.

링컨 대통령은 "나무를 쓰러뜨리는 데 여섯 시간이 나에게 주어진다면, 그 중 네 시간은 도끼날을 가는 데 사용하겠다."고 말했습니다.

여성이여! 야망을 가져라

"Women who seek to be equal with men lack ambition."

"남자와 동등해지기를 바라는 여자는 야망이 부족한 것이다."

티모시 리어리 Timothy Leary

주로 남성들이 주도하던 여러 분야에 여성들의 진출이 활발하게 이루어지고 있습니다. 예전의 여성들은 남성과 동등해지는 것이 목표였지만 이제는 세상이 달라졌습니다. 여성의 경제적 독립이 보편화된 것입니다. 인류는 불행히도 너무나 오랫동안 인류에게 주어진 자산 반쪽을 제대로 활용하지 못했습니다.

2009년 미스 인도로 선정된 푸자 초프라는 생후 20일 만에 생활고에 시달리는 아버지로부터 살해될 위기에 처했으나, 그녀의 어머니는 딸을 구하기 위해 세상의 온갖 비난을 무릅쓰고 이혼을 감행했고, 그녀의 딸은 2009년 미스 인도로 선발되어 부와 명예를 얻습니다.

남과 달라야 성공한다

"I will tell you how to become rich. Close the doors. Be fearful when others are greedy. Be greedy when others are fearful."

어떻게 부자가 될 수 있는지 말씀 드리겠습니다. 문을 닫으세요. 다른 사람들이 탐욕스러울 때 두려워하세요. 다른 사람들이 두려워할 때 탐욕스러워 지세요.

워렌 버핏 Warren Buffet

사실상 빈손으로 시작해 세계적인 거부의 반열에 오른 투자의 귀재 워렌 버핏의 충고는 귀담아 들을 필요가 있습니다. 그는 모든 사람들이 불투명한 경제상황을 관망하며 두려움에 떨고 있을 때, 소신을 가지고 제대로 투자하면 큰 이익을 얻을 수 있다고 강조합니다.

많은 사람들이 가는 길이 안전한 길인 것은 일반적으로 옳은 말이지만, 투자는 다릅니다. 위험이 클수록 수익 또한 큽니다. 남다른 용기가 없으면서 남보다 큰 성공을 바랄 수는 없습니다.

음악은 공간을 채우는 예술

"Music is the wine that fills the cup of silence."

"음악이란 침묵의 잔을 채우는 와인이다."

로버트 프립 Robert Fripp

음악은 공간을 채우는 예술입니다. 음악으로 인해 인간은 한 차원 높은 고등생물로 격을 높일 수 있었습니다. 음악을 들으면 면역력이 강해진다는 연구결과 발표도 있었으며 동물은 물론 식물의 생장에 도움을 준다는 사실이 과학적으로 밝혀지고 있습니다.

헨리 밀러는 《북회귀선》에서 '음악은 백만 개의 분수 위에서 춤추고 있는 유리알과도 같다'고 했는데 일산 호수공원의 노래하는 분수를 바라보고 있노라면 그의 관찰력이 놀랍다는 생각을 하곤 합니다.

평화를 원하면 적과도 대화하라

"If you want to make peace, you don't talk to your friends. You talk to your enemies."

"평화를 원하면 친구와 더불어 적과도 대화하라.

모세 다얀 Moshe Dayan

친구사이는 서로 평화가 유지되는 사이입니다. 경쟁자나 적에 대해서도 자신의 나태해지려는 마음에 경종을 울리고 지속적으로 노력하게 하는 고마운 존재라는 넓은 마음을 가지면, 오히려 그들과도 친구사이처럼 대화를 통해 오해와 불신을 해소할 수 있습니다.

고려시대, 우리의 선조들은 사실상 야만족이나 다름없던 거란족과도 대화를 지속하여 무력충돌 없이 우리가 원하는 것을 얻을 수 있었습니다. 우리는 그런 역사를 배운 후손입니다.

정치인이 갖추어야할 덕목

"I have come to the conclusion that politics are too serious a matter to be left to the politicians."

"정치란 정치인에게 맡기기엔 너무 심각한 문제라는 결론에 도달하게 되었다."

샤를 드골 Charles De Gaulle

정치란 기본적으로 '가치의 권위적인 분배(authoritative allocation of value)'입니다. 정치인에게는 대중의 다양한 이해관계를 파악하여 사회의 갈등을 조정하고 통합하는 능력이 요구됩니다. 그러한 능력은 아무나 가질 수 있는 것이 아닙니다.

정치인이라면 대중이 공유하는 가치를 일깨우고 서로 연합하도록 할 수 있어야 정치인으로서의 자격이 있는 것입니다. 오히려 혼란을 부추기는 지금의 정치인들에게선 도저히 찾아볼 수 없는 덕목입니다. 지금의 많은 정치인들처럼 국민 사이의 분열을 조장하고 차이점과 차별만 강조하며 갈등을 부추기는 자들은 정치인이 되어서는 안 됩니다.

시대에 따라 생각도 변한다

Most of us would be upset if we were accused of being "silly." But the word "silly" comes from the old English word "selig" and its literal definition is "to be blessed, happy, healthy and prosperous."

대부분의 사람들은 어리석다고 비난하면 화를 낼 것이다. 하지만 '어리석다(silly)'는 말은 고대 영어 'selig'에서 왔는데 문자 그대로의 뜻은 '축복받고 행복하며 건강하고 번영한다.'는 뜻이다.

지그 지글러 Zig Ziglar

어느 누구의 인생도 좋은 일만 계속 이어지는 것은 아니며 또한 불행한 일만 일어나는 것도 아닙니다. 자신이 불행하다고 느낄 때는 자신만 빼고 모두 행복하게 보이는 것 같고, 왜 자신은 그런 행복을 누리지 못하는지 때로는 신에 대한 원망도 합니다. 하지만 그것은 행복과 불행에 대한 오해에서 벌어지는 일입니다. 즉 보고자 하는 것만 보게 되는 것입니다. 이런 심리적인 경향을 '확증편향(confirmation bias)'이라 하는데, 우리가 누군가를 사랑하거나 미워할 때 흔히 경험하는 현상 중 하나입니다.

인간의 행복을 얻으려는 욕망이 어리석은 일이라는 것을 일깨워주기 위해 'silly'란 표현이 생겨난 것 같습니다.

시련이란 뛰어넘으라고 있는 것

"The greatest barrier to success is the fear of failure."

성공의 가장 큰 장애물은 실패에 대한 두려움이다.

스벤 고란 에릭슨 Sven Goran Eriksson

실제로 대부분의 사람들은 막상 실행하면 수월하게 할 수 있는 일인데도 어렵다고 생각하는 두려움 때문에 할 수 있는 일을 놓치고 맙니다.

멀리서 보면 빨간색 신호등 앞에 길이 꽉 막혀있는 듯이 보이지만 잠시만 편한 마음으로 나아가다 보면 어느새 녹색 신호등으로 바뀝니다.

시련이란 뛰어넘으라고 있는 것이지 걸려 엎어지라고 있는 것이 아닙니다. 실패는 성공을 더욱 빛나게 해주는 최고의 가치가 된다는 사실을 잊지 마십시오.

동시에 모두 가질 수는 없다

I arise in the morning torn between a desire to improve the world and a desire to enjoy the world. This makes it hard to plan the day.

나는 아침에 일어나면서 세상을 개선할 욕망과 세상을 즐길 욕망 사이에서 고민한다. 이래서 하루를 계획하기가 힘들다.

E. B. 화이트 E. B. White

영어 표현에 다음과 같은 말이 있습니다. '케이크를 먹으면서 동시에 가질 수는 없다(You cannot eat cake and have it too.)'

이 말은 케이크를 맛있게 먹든지, 아니면 일을 하든지 즉 한 가지에 집중해야지 두 가지를 동시에 누릴 수는 없다는 뜻입니다.

채만식의 소설 〈레디메이드 인생〉의 내용을 보면, 주인공이 구직을 위해 아는 사람에게 청탁을 해보지만, "뭐 어디 빈자리가 있어야지"하며 귀찮다는 듯 무성의한 답변만 일삼는 K사장의 모습이 나옵니다.

보통 사람들은 아침에 이부자리에서 몸을 일으키는 걸 힘들어하지만, 사실 일어나 갈 곳이 있다는 것 자체가 얼마나 큰 행복인지 모르는 사람이 많습니다.

중요한 사람보다는 멋진 사람이 되라

It's nice to be important, but it's more important to be nice.

중요한 사람이 되는 것은 멋진 일이지만 멋진 사람이 되는 것이 더 중요하다.

사람은 누구나 중요한 사람이 되고 싶은 욕망이 있습니다. 온갖 어려움을 극복해가며 열정으로 노력하는 이유 또한 존중받고 영향력 있는 사람이 되고 싶은 욕망이 있기 때문입니다. 그러나 세상으로부터 중요한 사람이라는 명예를 얻었을지라도 그 명예를 오래 유지하는 사람은 매력이 넘치는 멋진 사람입니다. 멋진 매력의 소유자는 중요한 인물이 되었다고 거만하지 않고 변함없는 진솔한 모습의 사람입니다.

프랑수아즈 사강은 갓 스물을 넘긴 나이에 소설《슬픔이여 안녕》을 집필하여 세상에 자신의 이름을 널리 알리고 엄청난 인세를 받습니다. 그는 별장과 스포츠카를 사들이는 등 매일매일을 파티로 소일하다가 결국은 몇 차례에 걸친 결혼과 이혼, 도박 중독 등으로 비참한 인생을 보냅니다.

꿈과 믿음은 목표를 성취하는 원동력

To accomplish great things, we must not only act, but also dream; not only plan, but also believe.

위대한 일을 성취하기 위해서 우리는 행동해야 할 뿐만 아니라 꿈을 꾸어야한다; 계획만 세울 게 아니라 또한 믿어야 한다.

아나톨 프랑스 Anatole France

꿈 자체는 실체가 아닐지라도 그것은 우리에게 행복감을 주며 어려움을 견딜 수 있게 합니다. 막심 고리끼의《어머니》라는 소설 속에서 정의가 끝내 승리하리라는 꿈에 매료되어 마음이 포근해졌던 등장인물들의 모습이 떠오릅니다.

꿈은 결코 꿈으로만 끝나서는 안 됩니다. 꿈은 반드시 될 것이라는 믿음을 가지고 달성해야 하는 것입니다.

낯선 사람을 자주 만나라

Good things happen when you meet strangers.

낯선 사람을 만나면 좋은 일이 일어난다.

요요마 Yo-Yo Ma

낯선 곳으로의 여행에서 예기치 못한 추억이 하얀 눈처럼 쌓이듯이, 새로운 사람을 만나면 그와 교류하는 가운데 새로운 세계가 열립니다. 우리는 늘 익숙한 사람에게서보다는 새로운 사람들로부터 더 많은 것을 배우고 깨닫게 됩니다. 직업적인 기회 또한 동료나 친구보다는 연결고리가 크지 않은 인간관계에 있는 지인의 추천으로 기회를 얻게 되는 경우가 무려 다섯 배나 더 많다는 연구결과도 있습니다. 새로운 사람을 만나면 새로운 세상이 열립니다.

문화적인 침투가 효과적인 이유

In a gentle way, you can shake the world.

부드러운 방법으로 세상을 흔들 수 있다.

마하트마 간디 Mahatma Gandhi

물처럼 부드러운 것이 없지만 쓰나미, 홍수 등으로 물의 그 가공할 위력을 잊을 만하면 우리에게 일깨워주곤 합니다. 물은 배를 띄우기도 하지만 뒤집기도 합니다.

세상이 폭력적이고 소란하면 정부는 자구책으로 강력한 공권력을 동원하여 그러한 소동을 진압합니다. 그러나 부드럽게 다가가면 대중은 경계를 풀고 서서히 변합니다. 전쟁을 통한 정복보다 문화적인 침투가 훨씬 효과적인 이유가 여기에 있습니다. 문화는 마치 물과 같이 사람들의 마음에 스며들어서 세상을 평화롭게 만듭니다.

골골한 사람이 장수한다

'Tis healthy to be sick sometimes.

가끔 아픈 것이 건강한 것이다.

헨리 데이비드 소로 Henry David Thoreau

'아이들은 아프면서 큰다'는 말이 있습니다. 가벼운 질병에 걸리면서 병을 극복하는 가운데 면역력이 증진된다는 것입니다. 오히려 종종 아픈 사람이 건강관리를 잘하게 되어 장수하는 경우를 볼 수 있습니다. 반면 평소에 잘 아프지 않은 사람이 건강을 소홀히 하다가 갑자기 병이 들어 난처한 입장에 처하는 경우가 있습니다. 지나친 건강염려증도 문제지만 건강을 과신하면 안 됩니다.

October

10월 / 설렘을 즐기면 이긴다

마케팅과 품질은 모든 부서의 책임

Marketing is too important to be left to the marketing department.

마케팅은 마케팅 부서에만 맡기기엔 너무 중요한 파트다.

데이빗 패커드 David Packard

어느 반도체 공장에서 있었던 일입니다. 경력 기술자도 제품에 발생하는 문제의 원인을 몰랐는데, 행정 일을 하는 직원이 회사 앞으로 지나가는 열차의 진동으로 인해 제품에 이상이 생긴다는 사실을 밝혀냈습니다.

전 세계 3위의 와인 생산대국 스페인을 대표하는 와인 생산 회사 '리오하(Rioja)'는 품질관리를 위해 이미 수백 년 전부터 오크통을 보관하는 셀러 근처에는 마차가 통과하지 못하도록 통제했습니다. 그것은 마차가 일으키는 진동이 와인의 품질을 떨어뜨릴 수 있다고 판단했기 때문입니다.

어떤 문제가 발생하면 문제를 중점적으로 해결하기 위한 부서도 필요하지만 자사 제품의 품질을 위해서는 모든 직원의 관심, 즉 애사심이 필요합니다.

한 분야의 대가가 되라

I am not handsome, but when women hear me play, they come crawling to my feet.

나는 잘생기진 않았지만 여자들은 내 연주를 들을 때마다 나의 발밑으로 기어온다.

니콜로 파가니니 Niccolo Paganini

세계 최고의 바이올리니스트 파가니니라면 이런 호기로운 말을 할 자격이 있을 것 같습니다. 요즘은 여자는 물론, 남자 또한 잘생기면 매력적인 사람으로 대우를 받습니다. 하지만 잘생기기만 하고 특기가 없으면 금방 싫증나기 쉽습니다. 취미 수준을 넘어선 자신만의 세계를 가지고 있어야 매력을 지속할 수 있습니다.

비평가의 한계

I don't think the critics could understand what we were doing.

나는 비평가들이 우리가 하는 일을 이해할 수 있으리라 생각하지 않는다.

지미 페이지 Jimmy Page

비평가들은 작가들의 작품에 대한 예리한 비평으로 긍정적인 자극을 주기도 하지만 때로는 잘못된 비평으로 인해 전도유망한 예술가의 앞길을 가로막는 일이 생기기도 합니다.

'깊이가 없다'는 평론가의 말에 고민하다 스스로 목숨을 끊는 여성화가가 주인공인 소설 파트릭 쥐스킨트의 《깊이에의 강요》에서와 같은 불행이 실제로도 일어나지 않으리라는 보장이 없습니다. 그래서 '비평가를 가리켜 '가는 길은 알지만 정작 차를 운전할 줄 모르는 사람'이라는 말을 하기도 합니다. 그래서 조언이 필요하면 이미 유사한 경험을 한 사람에게 자문해야 최선의 결정을 내릴 수 있습니다.

정부는 필요악에 불과하다

Government, even in its best state, is but a necessary evil; in its worst state, an intolerable one.

정부란, 최상의 상태라 하더라도 필요악에 불과하다; 최악의 상태는 견딜 수 없는 정부다.

토머스 페인 Thomas Paine

외부로부터 대중의 안전을 확보하기 위해 정부는 필요하지만 민주적인 정신이 확립되지 않은 정부는 필요악일 뿐입니다. 그런 정부의 관료는 그 속성상 국민을 밭으로 삼는 이들이기 때문에 국민을 수탈의 대상으로 보는 경향이 있습니다. 그런 폐해를 막기 위해 국민들은 국회의원을 선출하여 견제하려하지만 국회의원들이 제 역할을 제대로 해내지 못하는 경우가 허다합니다.

영화 〈배트맨〉의 악당 베인(Bane)은 말합니다. "너희들의 정치가 행복과 자유를 앗아가고 있다"고.

설렘을 즐기면 이긴다

This is normal, to have pressure. It's how you respond. Take the pressure, use the pressure, have fun.

압박을 느끼는 건 정상적인 일이다. 당신이 어떻게 대처하느냐에 달려 있다. 압박을 받아들이고, 압박을 이용하고, 그것을 즐겨라.

박찬호 Chan Ho Park

텔레비전 앞의 시청자를 포함한다면 수십, 수백만의 관중이 지켜보는 가운데 경기를 해야 하는 선수는 당연히 상당한 중압감을 느낍니다. 하지만 스스로 경기의 설렘을 즐길 수 있다면 자신에게 유리한 상황으로 얼마든지 반전시킬 수 있습니다.

"설레면 이기고 긴장하면 진다"고 말한 오디션 프로그램에 출연한 부활의 리더 김태원 씨가 한 이 말은 자신의 풍부한 경험에서 우러나온 명언이라고 필자는 생각했습니다.

자랑하면 적이 생긴다

Do you wish people to think well of you? Don't speak well of yourself.

사람들이 자신에 대해 좋게 생각하기를 원하는가? 자신에 대해 낮춰서 말하라.

파스칼 Blaise Pascal

인간은 본질적으로 상대방이 자신보다 능력이 있다고 판단하면 상대방에 대하여 질투하는 마음을 갖게 되고, 자신도 모르는 사이에 이유 없는 좋지 않은 감정이 생기기도 합니다. 때문에 자기자랑은 금물입니다.

사회적으로 높은 지위에 있는 사람이 자신을 소재로 한 소박한 농담이 환영받는 이유입니다.

시련은 영웅을 만드는 용광로

It is surmounting difficulties that makes heroes.

어려움을 극복해야 영웅이 만들어진다.

루이 파스퇴르 Louis Pasteur

회사가 어려움에 처해 있을 때, 획기적인 신제품을 제안하거나 뛰어난 마케팅 능력으로 난관을 돌파하는 사람이 있습니다. 조직의 위기를 극복할 돌파구를 개척한 사람은 세상의 주목을 받고, 능력을 인정받으며 새로운 영웅으로 탄생합니다. '난세에 영웅이 난다'는 표현도 있지만 평화 시엔 뛰어난 인물이 나오기 힘듭니다.

조선을 개국한 고려의 장수 이성계는 변방 출신의 장수였지만 상승장군(常勝將軍)으로 착실히 기반을 쌓을 수 있었던 것은, 고려 말의 복잡한 국제정세와 변방의 끊임없는 전투 덕이었습니다. 장수 이성계가 활약하던 시대가 평화로운 시기였다면 이성계는 자신의 기량을 발휘할 기회가 아예 없었을지도 모릅니다.

현명한 처신이 필요한 시기

Until 45 I can play a woman in love. After 55 I can play grandmothers. But between those ten years, it is difficult for an actress.

45세까지는 사랑에 빠진 여인 역을 연기할 수 있다. 55세 이후에는 할머니 역을 할 수 있다. 그러나 이후 십 년 동안이 여배우들에게는 어려운 시기다.

잉그리드 버그만 Ingrid Bergman

여배우들에게는 나이가 가장 현실적인 고민이라는 잉그리드 버그만의 말에 공감한 적이 있습니다. 하지만 우리나라의 가족 특성상 집안에 문제가 발생했을 때 감초 역할을 하는 이모, 고모 역이 있으니 우리나라에선 나이 든 여성 연기자도 맡을 수 있는 역의 범위가 꽤 넓을 것 같다는 생각을 했습니다.

우리에게도 직장에서나 사회에서 아주 애매하면서도 난감한 시기가 있습니다. 청년기, 장년기, 노년기 등 세월이 흐르면서 누구나 맞닥뜨리게 되는 그때그때의 시기를 잘 맞이할 수 있는 비법은 현재의 시기를 슬기롭게 보내는 것입니다. 그러면 어느 시기를 맞이하더라도 자신의 분야에서 꼭 필요한 존재로 남을 수 있으며 흔들리지 않은 자신만의 영역을 고수할 수 있습니다.

개가 사랑받는 이유

A dog is the only thing on earth that loves you more than you love yourself.

개는 자기보다 남을 더 사랑하는 지구상 유일한 존재다.

조시 빌링스 Josh Billings

개는 세계 곳곳 어디에서나 공통적으로 사람으로부터 사랑받는 반려 동물입니다. 어느 관찰자에 의하면 개가 사람에게 사랑받는 이유는 사람의 애정을 반항하거나 거절하는 법이 없기에 사랑을 받을 수 있는 거라고 합니다. 또한 개는 얼마나 명민한지 집안 내에서 가족의 서열을 정확히 아는 등 정말 알면 알수록 사랑하지 않을 수 없는 동물입니다. 간혹 인간들이 그들의 고기를 탐하는 것이 문제지만….

과정을 보지 말아야할 것들

Laws are like sausages, it is better not to see them being made.

소시지의 제조과정과 같이 법률은 만드는 과정을 보지 않는 것이 좋다.

비스마르크 Otto von Bismarck

　법은 만드는 과정에는 인간의 온갖 추악한 이해관계와 욕망이 반영되어 있기 때문에 그 과정이 아름다울 수 없습니다. 어느 한 집단이나 특권층의 이익만을 위한 법률이라면 결국 국민적인 합의를 이끌어낼 수 없고 조직적인 저항에 직면하게 됩니다.

산은 위대한 스승이다

Great things are done when men and mountains meet.

사람과 산이 만날 때 위대한 일이 이루어진다.

윌리엄 블레이크 William Blake

　　산은 그 자체만으로도 하나의 우주입니다. 산은 온갖 생명이 약동하고 있는 곳이며 인간에게 갖가지 영감을 주는 원천이기도 합니다. 그것이 위대한 종교적인 사상이 들판에서보다 산에서 주로 발원된 이유일 것입니다. 또한 산은 날개를 갖지 못한 인간에게 열기구나 비행기가 출현하기 전까지, 구름 위에 오르고자 하는 욕구를 거뜬히 충족시켜 주었습니다. 필자는 간혹 비행기를 타고 창밖을 바라보면 한낮의 범선(帆船)이라는 구름을 얼마든지 볼 수 있게 되었으니 이것만 해도 얼마나 행복한 일인지 모르겠다는 생각을 합니다.

당신이 진정으로 사랑하는 것을 찾아라

The essence of life is finding something you really love and then making the daily experience worthwhile.

인생의 진정한 보람은 당신이 진정으로 사랑하는 것을 찾고 일상의 경험을 가치 있게 만드는 것이다.

데니스 웨이틀리 Denis Waitley

부모들은 자녀들이 관심을 갖는 분야나 적성을 무시하고 눈앞에 보이는 당대에 선망하는 직업을 갖도록 강요합니다. 하지만 그렇게 부모의 말에 순응한 자녀들의 인생은 대개 크게 성공하지 못합니다.

남들이 선망하는 직업을 가졌다가 과감히 포기하고 자신이 진정 원하는 새로운 길을 찾아 세계적으로 유명해진 사람들이 많습니다. '진화론'으로 인류역사에 큰 획을 그은 찰스 다윈 역시 그의 아버지가 그를 의사나 신부로 만들어보려 했지만 결국 자신이 원했던 생물 지질학자로서의 길을 걷습니다.

자신이 좋아하는 일을 찾고 그것을 하며 삶을 보낼 수 있다면 그보다 행복한 인생은 없을 것입니다.

비관과 낙관이 인생의 성패를 가른다

A pessimist sees the difficulty in every opportunity; an optimist sees the opportunity in every difficulty.

비관주의자는 모든 기회 가운데 어려운 점을 본다; 낙관주의자는 모든 어려움 가운데 기회를 본다.

윈스턴 처칠 Winston Churchill

좋은 기회는 좀처럼 만나기 어려운 것이 사실이지만 아무런 어려움이 없는 기회는 이미 다른 사람들이 차지해 버렸을 경우가 많기에 나에게까지 돌아오는 경우는 거의 없습니다. 하지만 현실은 그럴지라도 세상을 낙관적으로 바라보는 사람이 기회를 발견할 수 있는 확률이 높습니다. 우리나라에서도 그런 기회를 놓치지 않고 살려서 사업을 크게 성공시킨 사람이 꽤 있습니다. 그들의 힘든 난관을 보기 좋게 뚫고 기어이 성공시키는 점을 배워야 합니다.

영국의 수상이었던 처칠의 낙관과 위트는 유명합니다. 한번은 독설로 유명했던, 여성 정치인이 어느 토론자리에서 처칠을 바라보며 이렇게 비난했습니다. "내가 당신의 아내라면 커피에 독을 타서 주겠다."고 하자 처칠은 다음과 같이 웃으

면서 응답했습니다. "내가 당신의 남편이라면 바로 마셔 버리
겠다."

고양이와 개의 다른 점

Owners of dogs will have noticed that, if you provide them with food and water and shelter and affection, they will think you are god. Whereas owners of cats are compelled to realize that, if you provide them with food and water and shelter and affection, they draw the conclusion that they are gods.

개에게 음식과 물, 쉼터 그리고 애정을 주면 개는 주인을 신(神)이라고 생각할 것임을 주인은 알게 된다. 반면에 고양이에게 음식과 물, 쉼터 그리고 애정을 주면 고양이는 자기 자신을 신이라고 결론짓는다는 걸 주인은 깨닫게 된다.

크리스토퍼 히친스 Christopher Hitchens

　　반려동물과 함께하는 삶은 정서적으로도 좋은 도움이 됩니다. 반려동물을 키우는 가정에선 신생아의 면역력이 높아진다는 연구소의 논문도 있습니다. 개의 그 초롱초롱한 눈망울을 쳐다보고 있노라면 사랑하지 않고는 배길 수 없을 정도입니다. 미국의 경우에는 반려동물로 개에 비해 고양이를 선호하는 비중이 약 10% 많다고 합니다. 하지만 미국이나 한국의 길거리에 유기견이나 길고양이가 늘어나는 현실은 가슴 아픕니다.

적당히 쓸 줄도 알아야 한다

A man that hoards up riches and enjoys them not, is like an ass that carries gold and eats thistles.

부를 축적만 하고 즐기지 않는 사람은 금(金)을 운반하면서 엉겅퀴를 먹는 당나귀와 같다.

리처드 버튼 Richard Burton

재물을 쌓는 데에서 온갖 재미를 찾고, 자신과 남을 위해서는 조금도 쓰지 않는 사람들이 있습니다. 그러나 그렇게 쌓은 막대한 재산도 급격한 사회경제적 변화로 흔적도 없이 사라지는 일이 있습니다. 요행히 그렇게 쌓은 재물을 끝까지 지킨다 해도 이승을 떠날 때는 단 한 푼도 가지고 갈 수 없는 것이 인생입니다. 재물은 자신의 경제적 위치에 맞는 기부와 사회적 통념 안에서 쓸 줄 알 때 그 재물이 빛을 발하는 것입니다.

배우 엘리자베스 테일러는 "더 나은 세상을 위한 일이 아니라면 돈이 무슨 소용이냐?"고 반문한 적이 있습니다.

분노는 악마의 유일한 친구다

He who angers you conquers you.

당신을 분노하게 하는 사람이 당신을 정복하는 사람이다.

엘리자베스 케니 Elizabeth Kenny

화를 낸다는 것은 쉽게 말하면 상대가 의도했든 안 했든 그의 전략에 말려들어가는 것이라 할 수 있습니다. 그래서 부당함에 대한 항의는 필요한 것이지만 사소한 일에 대해 분노를 조절하지 못하는 성격은 반드시 고쳐야 합니다. 특히 분노한 가운데 나오게 되는 '마지막 말'은 정말로 위험합니다. 그 말로 인해 인생이 나쁘게 꼬일 수도 있으며 두고두고 그에 대한 대가를 치르게 될 수도 있습니다. 분노의 감정으로 처리한 일치고 나중에 후회하지 않는 경우는 없습니다. 분노는 악마와 호흡이 잘 맞는 유일한 친구이기 때문입니다.

지켜보고 기록하라

As I grow older, I pay less attention to what men say. I just watch what they do.

나는 나이가 들수록 사람들이 말하는 것에 귀를 덜 기울인다. 그들이 무엇을 하는지 지켜볼 뿐이다.

앤드류 카네기 Andrew Carnegie

위의 명언은 철강 왕으로 세계적인 부자의 반열에 오른 카네기가 실전경험을 통한 깨달음에서 나온 말입니다.

'실존'이란 말을 사실상 최초로 사용한 철학자 키에르 케고르는 자신이 머무는 방마다 잉크와 종이를 항상 준비해 두고 좋은 생각이 떠올랐을 때마다, 그리고 사람들과 대화를 하며 듣게 된 좋은 말들을 즉시 기록했습니다. 세상의 이야기에 귀를 기울인, 바로 그런 점이 그가 세계적인 철학자로 우뚝 선 원동력이 되었습니다.

결혼은 운이다

Happiness in marriage is entirely a matter of chance.

결혼에서의 행복은 전적으로 운의 문제다.

제인 오스틴 Jane Austen

여러 번의 데이트를 통해 충분히 검증한 후에 결혼을 해야 그나마 위험요인을 줄일 수 있습니다. 실제로 결혼한 부부 중에는 약 20%만 결혼생활에 만족하고 있으며, 80%는 결혼 전 상대방에 대한 자신의 판단에 문제가 있었다는 통계가 있습니다.

어떤 조건이든 사랑을 유지할 각오가 되어 있고, 철학이 있으며, 스트레스에 대한 내성(stress tolerance)을 가진 사람이라면 결혼을 할 수 있는 자격이 충분합니다.

사랑은 선택이 아닌 운명이다

Love is not in our choice but in our fate.

사랑은 우리의 선택이 아니라 숙명이다.

존 드라이든 John Dryden

　남녀 연인관계의 기초는 사랑을 근간으로 합니다. 하지만 한때 서로 사랑했다 해서 그 사랑의 감정이 언제까지나 유지되는 것은 아닙니다. 사랑이 지속되기 위해서는 초심을 잃지 않아야 하며, 서로 관심을 가지고 관리하는 노력이 필요합니다. 사랑하는 이의 일에 깊은 관심을 가지고 적극적으로 돕는 것이야말로 사랑받는 최고의 비결이 아닐 수 없습니다.

인간에게 주어진 천부의 재능

The great gift of human beings is that we have the power of empathy.

인간에게 주어진 위대한 천부적 재능은 우리가 감정이입의 힘을 가졌다는 데 있다.

메릴 스트립 Meryl Streep

선행을 베풀거나 훌륭한 예술작품에 공명하고 감동을 받는 특권은 지구라는 행성에서는 모든 생물 중 인간이 유일합니다. 미래 언젠가는 태양계 밖에도 고등생명체가 존재하는 것이 발견될 수도 있겠지만, 현재로서는 우리 인간만이 누리는 특전(privilege)입니다.

이론의 한계

Experience without theory is blind, but theory without experience is mere intellectual play.

이론이 없는 경험은 맹목적이지만, 경험 없는 이론은 단지 지적인 유희에 불과하다.

칸트 Immanuel Kant

　　이론이 없는 경험 역시 취약하지만 특히 경험 없는 이론은 위험하고 폐해가 큽니다. 미국의 대선 후보로도 유명했던 한 사업가는 미국의 전반적인 산업이 일본에 밀리고 있을 때 나온 자조적인 표현으로 다음과 같이 말했습니다.

　　"건물 안으로 뱀이 들어왔으면 바로 잡아야지, 뱀에 대한 대책 위원회를 구성하면 안 된다."

아름다운 양보

Genuine tragedies in the world are not conflicts between right and wrong. They are conflicts between two rights.

세상의 진짜 비극은 옳은 것과 잘못된 것 사이의 갈등이 아니다. 둘 다 옳은 것 사이의 갈등이 진짜 비극이다.

헤겔 Georg Wilhelm Friedrich Hegel

이념적으로 무장된 소수의 행동주의자들 때문에 일반 민중의 고통이 아직도 끊이질 않고 있습니다. 대중의 힘을 이용해 자신들의 권력의지를 관철시키려는 소수의 그릇된 파워 엘리트는 우리로 하여금 질곡의 역사를 걷게 하는 독버섯과 같은 존재입니다.

개인 간의 갈등 또한 서로가 옳다고 주장하며 끝까지 서로 양보하지 않으면 비극은 예약되어 있는 것이나 마찬가지입니다. 누구나 자신의 이해득실에 따라 판단하기 때문에 좋은 인간관계를 형성하기 위해선 최소한의 아름다운 양보는 정말 필요합니다.

《채근담》에는 다음과 같은 내용의 글이 있습니다.

'좁은 길에서는 다른 사람이 지나갈 수 있도록 양보하고 음식은 함께 나누라'

살아있을 때 사랑하라

A lot of good love can happen in ten years.

십 년이면 훌륭한 사랑이 여러 번 일어날 수 있다.

짐 캐리 Jim Carrey

사랑하는 마음을 열어 두고 있으면 사랑은 언제든, 어떤 상황이든 찾아올 것입니다. 너무 무리한 사랑만 아니라면 그것을 피하지 말고 믿음으로 당신의 사랑을 그에게 맡겨보세요. 그러면 사랑이 스스로 추진력을 갖추고 알아서 길을 찾아갈 테니까요.

사랑만이 세상의 모든 아름다움을 볼 수 있다는 말이 있습니다. 많이 사랑하십시오. 사랑만이 당신의 인생을 빛나게 할 유일한 길입니다. (Love is the only path in life.)

규칙은 어기는데 재미가 있다

If you obey all the rules you miss all the fun.

모든 규칙에 순종하면 당신은 모든 재미를 놓치는 것이다.

캐서린 헵번 Katharine Hepburn

규칙은 가능하면 지켜야 하지만 규칙에만 너무 얽매이면 인생이 따분해질 수 있습니다. 가벼운 일탈은 신선한 긴장감을 일으키고, 감당할 만한 수준 내에서의 파격은 지루함을 한 방에 날려버릴 수 있습니다. 사람들이 너무 인습에 얽매여서 하고 싶은 일을 못하고 생을 마치는 것은 정말 안타까운 일이 아닐 수 없습니다.

시대를 초월해 자유로운 영혼의 대명사라 할 수 있는 당대 최고의 여배우 메이 웨스트는 "법을 깨뜨리지(break) 않는 한 이따금씩 가볍게 규칙을 위반(crack)하는 것은 죄가 아니다" 고 말했습니다.

나비효과

All change, even very large and powerful change, begins when a few people start talking with one another about something they care about.

모든 변화, 심지어 아주 크고 강력한 변화라도 몇몇의 사람들이 서로 관심을 갖는 것에 대해 서로 이야기하는 것으로부터 시작한다.

마가렛 휘틀리 Margaret J. Wheatley

폭이 수십 킬로미터에 이르는 큰 강도 술잔을 띄울 정도의 작은 계곡물에서 시작됩니다. 한두 사람의 주장이나 아이디어가 사람들의 공감을 얻게 되어 주변으로 점차 확산되고 퍼져나가면 무서운 기세로 변화의 바람이 불기도 합니다. 한두 사람의 힘은 미약하지만 여러 사람이 힘을 뭉치면 놀라운 기적이 일어납니다.

사람의 본모습을 보려면

A man's true character comes out when he's drunk.

사람의 진짜 성격은 술에 취했을 때 나온다.

찰리 채플린 Charlie Chaplin

술이 입에 들어가면 억눌렸던 자아가 표출되기 때문에 자기도 모르는 사이 말이 많아지게 되고 비밀이 새어 나옵니다. 사람의 성격을 파악하는 데 이보다 빠른 방법도 드뭅니다. 그래서 술을 마시며 면접을 보는 회사도 있다는 소리를 듣기도 했습니다.

평소 꾸준하게 심성을 갈고 닦아야 술을 먹을지라도, 난처한 상황을 피할 수 있습니다.

편견은 자신감이 없다는 뜻이다

I'm interested in the fact that the less secure a man is, the more likely he is to have extreme prejudice.

나는 사람이 불안정할수록 더욱 더 극단적인 편견을 갖게 된다는 사실에 흥미를 가지고 있다.

클린트 이스트우드 Clint Eastwood

편견은 사람의 이성을 마비시키며 온갖 부작용을 일으키는 참으로 무서운 결과를 초래하는 사람의 심리상태입니다. 특히 편견을 가진 사람이 어떤 단체의 수장이거나 사람을 선발할 권한을 가졌을 때 돌아오게 되는 폐해는 엄청납니다. 편견이 없는 공정한 사람이 공직에 임명되고 선출이 되어야 국가나 기업이 발전합니다.

독단적인 정치로 불안정한 나라일수록 극단적인 행동을 하겠다고 나서서 주변 국가를 위협하는 경우를 볼 수 있습니다. 인간관계에서도 편견을 가진 무례한 사람의 행동으로부터 자신을 보호하려면 스스로 철저한 대비를 하는 수밖에 없습니다.

자신을 흥분시킬 수 있는 일을 찾자

I feel sorry for the person who can't get genuinely excited about his work. Not only will he never be satisfied, but he will never achieve anything worthwhile.

나는 자신이 하는 일에 흥분하지 않는 사람은 참 안됐다는 생각이 든다. 그런 사람은 결코 만족할 수 없을 뿐만 아니라 가치 있는 일을 결코 이룰 수 없다.

월터 크라이슬러 Walter Chrysler

미국의 3대 자동차 회사의 한 곳으로 꼽히는 크라이슬러 창업주의 일에 대한 열정은 유명합니다. 그는 젊은 시절 일을 배우기 위해 자신이 현재 받고 있는 연봉의 절반 이하의 연봉을 주는 직장으로 이직을 한 사례도 있습니다. 그런 열정이 있었기에 그는 기업가로서 최고의 영광스러운 자리에 오를 수 있었습니다. 자신이 목표로 하는 일을 성공시키기 위해서는 사소해 보이는 여러 가지 복합적인 일들에 대한 관심과 관리가 자신의 인생을 성공시키는 저력이 됩니다.

선택이 우리의 인생을 바꾼다

Life is the sum of all your choices.

인생은 당신이 선택한 결과의 산물이다.

알베르 카뮈 Albert Camus

　인생은 선택의 연속입니다. 또한 선택은 현재 주어진 여건과 정보로 결정하게 됩니다. 그러나 언제나 모든 면에서 완벽한 선택을 한 사람은 없습니다. 그렇기에 나중에 잘못된 선택이었음을 깨달았다고 해도, 그 당시로서는 최선의 선택이었음을 받아들이고 피해를 최소화하기 위해 노력해야하며, 불리한 상황을 유리한 상황으로 전환할 수 있는 방법을 모색하는 것이 현명한 태도입니다.

결혼생활을 유지하려면

People stay married because they want to, not because the doors are locked.

사람들은 자신들이 원하기 때문에 결혼을 유지하는 것이지 문이 닫혀 있기 때문은 아니다.

폴 뉴먼 Paul Newman

이혼율이 급증하고 있습니다. 부부가 함께 살 수 없는 상황이 되어서 이혼을 하는 것이겠지만, 그 중 상당수는 평소 대화의 시간을 자주 가졌다면 이혼까지 이르지 않았을 것이라는 안타까운 마음이 듭니다. 이혼의 가장 큰 원인으로 성격 차이를 꼽지만 헤어지기에 앞서 서로 다름을 당연하게 받아들이고 보완할 수 있는 방법을 모색해 보는 과정으로 대화를 나누어보면, 서로의 오해에서 비롯한 일임을 깨닫게 되고 그러면 헤어질 일이 아니라는 것도 알게 되지 않을까요?

사람마다 모두 처한 상황과 입장이 다르기에 만능 처방은 있을 수 없겠으나 헤어지는 것만이 능사는 아닐 것입니다. 부부가 좋은 점은 항상 내 편이 되어 주는 사람이 늘 곁에 있다는 든든함일 것입니다.

October

November

11월 / 사소한 것들의 위대한 힘

국가의 흥망을 가르는 대외정책

Domestic policy can only defeat us. Foreign policy can kill us.

국내의 정책은 우리를 좌절시킬 수 있을 뿐이지만 대외정책은 우리를 죽일 수도 있다.

존 에프 케네디 John F. Kennedy

쿠바 위기 때 소련과의 정면대결 카드를 선택했던 미국은 현명한 선택을 한 지도자 케네디 대통령의 결단으로 승리할 수 있었습니다. 대외정책은 국가 전체의 존망에 영향을 줄 수 있기 때문에 신중에 신중을 거듭해야 합니다.

권력이 세습되던 과거와는 달리 민주화된 국가에서는 지도자를 그 나라 국민 스스로 선거를 통해 뽑을 수 있습니다. 때문에 잘못된 선택으로 나라가 혼란에 빠졌다면 모든 결과는 결국 우리 모두의 책임이라 할 수 있습니다. 국민의 한 사람으로서 용기와 경륜이 있고 철학이 뚜렷한 지도자를 선택해야 생존과 번영이 보장될 수 있습니다.

술집에서는 예술이 탄생하지 않는다.

An artist is always alone – if he is an artist. No, what the artist needs is loneliness.

예술가는 항상 혼자다. 그가 예술가라면. 아니, 예술가에게 필요한 것은 고독이다.

헨리 밀러 Henry Miller

창조력은 대개 혼자 사색할 때 솟아나는 경우가 많습니다. 자신의 처한 상황을 수시로 점검하고 생각하는, 혼자만의 시간이 어느 정도 확보되어야 내면이 성숙할 수 있습니다.

인간은 홀로 사는 삶이 두렵기 때문에 모여 살게 되었지만, 그런 삶의 방식이 실존적인 문제까지 해결해 주지는 않습니다. 질병도, 죽음도, 인생에 대한 관조도 철저히 개별적인 것입니다. 가장 사랑하는 사람조차도 당신의 아픔을 함께하거나 대신할 수 없습니다. 스스로 자주 혼자 마시는 차의 의미를 만끽하십시오.

직업은 속일 수 없다

If you only have a hammer, you tend to see every problem as a nail.

당신은 망치만 가지고 있다면, 모든 문제를 못으로만 보는 경향이 있다.

에이브러햄 매슬로우 Abraham Maslow

직업은 못 속인다는 말이 있습니다. 경찰과 검찰은 모든 사람을 잠재적인 범법자로 볼 수 있고 또한 의사는 모든 사람을 잠정적인 환자로 볼 수도 있습니다. 그러나 우리는 항상 균형 있는 시각을 가져야 합니다. 직업적인 시각을 벗어나 폭넓고 균형 잡힌 시각을 가지려면 다양한 분야의 독서, 타인의 말에 귀를 기울이는 경청 그리고 풍부한 경험을 쌓기 위한 노력이 필요합니다.

쉬운 것은 누구나 할 수 있고
가치도 작다

If it wasn't hard, everyone would do it. It's the hard that makes it great.

그것이 어렵지 않았다면 누군가 했을 것이다. 위대하게 되는 것은 어렵기 때문이다.

톰 행크스 Tom Hanks

누구나 할 수 있는 쉬운 일은 몇 가지 특성과 제조 방법을 교육하면 누구라도 그 일을 할 수 있기 때문에 당신이 아니더라도 일을 하려는 사람이 많습니다. 하지만 당연히 노동의 대가는 작습니다.

우리나라 대기업들이 만들기 쉬운 제품은 인건비가 저렴한 중국이나 베트남에서 만드는 이유는 고학력의 대한민국 국민들의 인건비 수준을 감당할 수 없기 때문입니다. 따라서 대한민국 기업들이 우리 국민을 활용하여 살아남기 위해서는 고부가가치 제품을 생산해야 동남아시아의 무려 열배에 이르는 인건비를 감당할 수 있습니다.

목표는 위대한 인생을 만든다

*The aim, if reached or not, makes great life: Try to be
Shakespeare, leave the rest to fate!*

**목표에 도달하든, 못하든 목표는 위대한 인생을 만든다: 셰익스피어처럼
되도록 노력하고 나머지는 운명에 맡겨라.**

로버트 브라우닝 Robert Browning

'별을 따려던 사람이 흙을 움켜쥐지는 않는다'는 말이 있습
니다. 목표가 원대하면 성공했을 때는 큰 결실을 얻게 될 것
이며, 성공하지 못하더라도 큰 꿈에 맞추어 노력을 했기에 보
통의 노력으로는 성취할 수 없는 결과를 얻게 됩니다.

한국전쟁의 총사령관이었던 맥아더 장군은 '미국이 한국
전쟁에서 이기지 못하면 다음에는 월남(베트남)에서 싸우게
될 것'이라고 예견하며 냉전 종식을 위한 자국의 지원을 끝까
지 주장했지만, 당시 미국 대통령인 트루먼은 맥아더 장군을
끝까지 지원하지 않았습니다. 맥아더 장군의 의견에 따랐더
라면 한반도의 운명과 주변국의 판도가 많이 달라졌을 것입
니다.

내 인생을 살라

"What will they think of me?" must be put aside for bliss.

행복을 위해서는 '그들이 나에 대해 어떻게 생각할까?' 따위는 옆으로 치워 두어야 한다.

조셉 캠벨 Joseph Campbell

미국의 유명 코미디언인 빌 코스비는 다음과 같이 말했습니다.

"성공하는 비결은 모르지만, 실패하는 비결은 모든 사람을 기쁘게 하려는 삶을 산다는 것이다."

자신이 진정 원하는 삶이 무엇인지 진지하게 고민할 필요가 있습니다. 자신이 진정 원하는 삶을 선택하십시오.

자신이 스스로 선택한 길을 산 사람은 비록 자신이 염원하던 훌륭한 인생을 살지 못했다하더라도 자신의 선택을 후회하는 사람은 별로 없습니다. 반면에 남에게 보이기 위한 삶을 선택한 사람들 중에는 뒤늦게 후회하는 사람들이 많습니다.

사소한 것들의 위대한 힘

Too often we underestimate the power of a touch, a smile, a kind word, a listening ear, an honest compliment, or the smallest act of caring, all of which have the potential to turn a life around.

우리는 인생의 전환점이 되는 잠재력인 접촉, 미소, 친절한 말, 경청하는 귀, 진심 어린 칭찬이나 아주 사소한 배려의 힘을 흔히 과소평가한다.

레오 버스카글리아 Leo Buscaglia

모스크바로 진군하던 나폴레옹 군을 격퇴한 것은 러시아의 대포가 아니라 작은 눈송이였습니다.

현실의 세계에서는 드라마나 영화와는 달리, 하루아침에 극적인 변화가 일어나는 일은 매우 드뭅니다. 변화의 과정은 대개 사소한 습관, 사소한 일들이 누적되면서 점진적으로 변하는 것이기에 시간이 꽤 흐르고 나서야 변화를 감지합니다. 사소한 것을 과소평가해서는 안 됩니다.

분별력 있는 사랑은 사랑이 아니다

A lover without indiscretion is no lover at all.

무분별하지 않은 연인은 결코 연인이 아니다.

토머스 하디 Thomas Hardy

세상으로부터 무모하다는 평을 듣는 사랑을 할 때, 흔들리지 않는 소신과 철학 없이는 그 사랑을 유지하기가 매우 어렵습니다. 열렬한 사랑일수록 열망이 크기 때문에 현실의 제약과 충돌하는 일이 잦는 것은 필연적인 일입니다. 타인의 눈에는 그런 그들의 사랑이 무모하게 보일 수 있기 때문입니다.

마르께스의 소설《백 년간의 고독》에서 주인공 개스톤은 오랑캐꽃이 핀 곳에서 둘만의 사랑을 나누기 위해 연인과 목숨을 걸고 불시착을 감행합니다.

필자는 용감한 사랑을 하는 이 세상 모든 이들에게 격려를 보냅니다.

인간만이 책을 남긴다

*Books are the carriers of civilization. Without books, history is
silent, literature dumb, science crippled, thought and speculation
at a standstill.*

**책은 문명의 전달자다. 책이 없으면 역사는 침묵하고, 문학은 멍청해지
며, 과학은 불완전하고, 사상과 사색은 정체하게 된다.**

바바라 터크먼 Barbara Tuchman

책의 근본 기능은 언제까지라도 변하지 않을 것입니다. 제
한적이지만 몇몇 고등동물은 의사소통 수단이 있고, 도구를
사용하기도하지만 책을 읽고, 글로 기록을 남기는 동물은 인
간이 유일합니다.

어떤 이는 인간의 집단적인 노력이 다른 동물과의 현격한
차이를 만들어냈다고 말하지만, 개미도 인간 못지않게 철저
히 사회생활을 하고 집단지능을 사용하며 공동으로 노력합니
다. 그렇지만 책을 읽는 개미는 지금까지 알려진 적이 없습니
다. 인간의 삶과 확실하게 격차가 나는 가장 큰 이유입니다.

종교란 부자의 발명품

Religion is what keeps the poor from murdering the rich.

종교란 가난한 사람들이 부자들을 죽이지 못하도록 하는 것이다.

나폴레옹 Napoleon Bonaparte

세상은 언제나 부자보다는 가난한 사람이, 귀족보다는 평민이 다수이기에 종교나 도덕의 힘을 빌지 않고서는 부자들의 안위를 보장받지 못했을 것입니다. 평민의 신분으로는 평생 얻기 힘든 부귀영화를 귀족들은 18세만 되면 일상처럼 누리는, 불합리한 시대가 오랫동안 지속되었으니 많은 사람들의 불만이 극에 달하게 되었던 것입니다. 사실 아무런 노력 없이 무한의 특권이 주어지는 귀족이라는 신분처럼 우스꽝스런 인간의 발명도 없습니다. 그래서 귀족들이 고안한 방법, 즉 현세는 고통스럽지만 다음 세상에서는 복락을 누릴 수 있다는 약속은 현실의 불만을 무마하는 데 더없이 좋은 방법이었을 것입니다.

사랑이란 헌신할 대상을 찾는 것

Love isn't finding a perfect person. It's seeing an imperfect person perfectly.

사랑은 완벽한 사람을 찾는 것이 아니다. 완벽하지 않은 사람을 완벽하다고 보는 것이다.

샘 킨 Sam Keen

'사는 건 운이지만 사랑은 스스로 선택하세요.(Live by chance. Love by choice.)'

완벽한 사람은 없습니다. 상대가 완벽해지기를 바라기 전에 우선 자신도 그럴 수 있는지 살펴보는 것이 중요합니다.

상대방에 대해 관심이 없고 자기중심적이면 행복한 사랑을 만들기는 불가능합니다. 사랑할 사람을 최종 선택할 때 중요한 것은, 그가 과연 나를 오랫동안 견뎌낼 사람인지 확인하는 것입니다. 사랑이란 서로의 인생을 헌신할 대상을 찾는 것이지 자원봉사자를 구하는 것이 아니기 때문입니다.

나이가 들수록 떠날 때를 대비하라

When a man dies he clutches in his hands only that which he has given away during his lifetime.

사람이 죽을 때 붙잡을 수 있는 것이라곤 그가 생전에 아낌없이 준 것뿐이다.

장 자크 루소 Jean Jacques Rousseau

실제로 많은 사람의 임종을 지켜본 성직자의 증언에 따르면, 사람들은 죽어가면서 평소 아낌없이 주지 못한 것에 대하여 가장 크게 후회한다고 합니다.

사랑, 재물, 도움, 관심, 용서가 바로 그러한 것들인데 경제적인 형편은 개인에 따라 다르겠지만 나머지는 마음먹기에 따라 누구나 얼마든지 베풀 수 있습니다.

나이를 먹는다는 것은, 소중한 것을 이전에는 모르고 무심코 지나쳐 버렸지만 이제는 하나둘씩 발견한다는 뜻이기도 합니다.

사랑은 질투 외에
모든 것을 참을 수 있게 한다

Heaven grant us patience with a man in love.

하늘은 사랑에 빠진 사람에게 인내심을 허락해 준다.

러디어드 키플링 Rudyard Kipling

질투처럼 사람의 눈을 멀게 하는 것도 없습니다. 그리스 신화에는 남편이 미풍(微風)과 대화하는 것을 수풀 속에서 엿듣다 질투를 느껴 흐느끼던 아내를 짐승으로 오해하고 표창을 던져 죽게 하는 케팔로스의 가슴 아픈 질투에 대한 이야기가 있습니다.

사랑은 힘든 고통과 어려움을 참을 수 있게 해줍니다. 사랑하는 연인들이 질투 외엔 온갖 어려움을 극복하는 이유입니다.

모든 것을 다 잃어도 지식은 남는다

The beautiful thing about learning is nobody can take it away from you.

배움이 아름다운 것은 그것을 아무도 당신으로부터 빼앗아갈 수 없다는 것이다.

비비 킹 B. B. King

중세시대 유대인이 로마인에게 정복되었을 때 학교만은 남겨두기를 요청했던 것은, 지식은 수탈해갈 수 없다는 것을 알았기 때문입니다. 불씨만 꺼지지 않고 유지할 수 있다면, 적절한 시기가 되면 언제든 불꽃같이 일어날 수 있음을 그들은 알고 있었던 것입니다.

일제 강점기의 우리나라의 선지자들에게도 학교 교육은 또 다른 실질적인 독립운동이었습니다. 농촌지역을 돌며 환등기로 조선 사람들을 계몽하던 백범 김구는 마침내 세계를 놀라게 한 거사를 수차례 일으킵니다. 안중근 독립군 참모장을 비롯한 이들의 살신성인 배움이 우리 민족의 혼을 지켜냈습니다.

리더의 자격

The higher you go the more dependent you become on others.
위로 올라갈수록 다른 사람에게 더 의존하게 된다.

　　상위 직으로 계급이 올라갈수록 자신이 직접 할 수 있는 일
이 줄어듭니다. 실무보다는 적절한 질책과 격려를 통해 조직
이 목표한 방향대로 이끌어 가야하는 리더로서의 책임이 있
기 때문입니다. 부하조직원들에게 진심으로 존중받는 상사
는 대체로 부하직원들에게 관심이 많고 조직원들이 최대한
스스로의 역량을 발휘할 수 있도록 권한이양이 생활화된 사
람입니다.

행복에 목숨 걸지 말라

Men can only be happy when they do not assume that the object of life is happiness.

인생의 목표가 행복이 아니라고 가정할 때만이 인간은 행복할 수 있다.

조지 오웰 George Orwell

현대인은 행복해야 한다는 강박증에 사로잡혀 있습니다. 그러나 삶에는 즐거운 일도 있지만 힘들고 슬픈 일도 수시로 일어납니다. 기쁜 일과 슬픈 일이 번갈아 일어나는 것이 인생의 이치임을 깨닫는다면 행복에만 그리 목을 맬 일은 결코 아닙니다. 불행에도 유리한 점이 있습니다. 그것을 깨닫기 위해서는 현실을 긍정적으로 바라보는 마음의 해석이 중요합니다. 모든 상황을 긍정적인 시선으로 바라보면 인생의 참맛과 깊이를 깨닫게 되니까요. 특히 현대 사회에서 물질적인 궁핍은 고통이 크지만 반면에 인간이 부쩍 성장하는 기회를 제공합니다.

낙관이 비관을 이긴다

Every pessimist who ever lived has been buried in an unmarked grave. Tomorrow has always been better than today, and it always will be.

지금까지 살았던 모든 비관주의자는 묘비에 표시조차 되지 않은 무덤에 묻혀 있다. 내일은 항상 오늘보다 나았으며, 또한 늘 그럴 것이다.

폴 하비 Paul Harvey

낙관이 비관을 이깁니다. 방송인으로서 대성공한 폴 하비의 진정한 성공비결은 그의 낙관하는 성격 때문이라고 할 수 있습니다. 그가 당대 최고의 라디오 해설가로서 특유의 화법으로 세상사의 훈훈한 미담이나 독특한 화제를 재미있게 전달하던 것이 아직도 기억에 남습니다. 그의 해설은 언제나 "유용한 정보가 될지 모르지만(For what it's worth)~"이라는 말로 시작하고 "좋은 하루!(Good Day!)"라는 말로 끝나곤 했습니다.

작품이 곧 작가다

Every secret of a writer's soul, every experience of his life, every quality of his mind is written large in his works.

작가의 비밀스런 영혼, 인생의 모든 경험, 그의 심성이 대체로 그의 작품에 쓰여 있다.

버지니아 울프 Virginia Woolf

　　이 글은 우리에게 《등대로(To the lighthouse)》라는 소설로 잘 알려진 버지니아 울프의 생생한 작품관입니다. 작가 역시 자신이 경험한 테두리를 벗어나기는 좀처럼 어렵습니다. 인생의 다채로운 경험을 한 작가가 훌륭한 작품을 쓸 수 있는 이유가 여기에 있습니다. 순탄한 이력을 가진 작가보다 여러 가지 실험적인 삶을 살고 다양한 시도를 해본 작가에게서 좋은 작품을 기대할 수 있는 이유입니다.

Think BIG

I live every day to its fullest extent and I don't sweat the small stuff.

나는 매일매일 최대한 충실하게 살고 있으며 사소한 것에 목숨 걸지 않는다.

올리비아 뉴튼 존 Olivia Newton-John

사소한 것에 심신의 에너지를 소모하다 보면 정작 중요한 일을 놓칠 수가 있습니다. 물론 사소한 일도 챙겨야하지만 우선 시급하고 중요한 일부터 처리해야 평온한 일상이 유지됩니다. 사소한 일은 그 속성상 쉽게 접근할 수 있고 대개 수월하게 할 수 일이기 때문에 사람의 마음을 자꾸 유혹합니다. 그래서 일단 말려들면 늪처럼 더 깊숙이 개입하게 되고 귀중한 시간과 에너지를 끝없이 소모시킵니다.

판단은 자신이 하라

Do not mind anything that anyone tells you about anyone else. Judge everyone and everything for yourself.

누군가가 다른 사람에 대해 이야기하는 것에 개의치 마라. 모든 사람과 모든 것에 대해 자신스스로 판단하라.

헨리 제임스 Henry James

영어 속담에는 다음과 같은 말이 있습니다.

'누구도 말하는 것만큼 악인은 아니다.(not so black as one is painted.)'

말이란 대개 과장되게 마련입니다. 또한 사실이 아닌 경우도 흔히 있습니다. 그렇지만 판단은 그 말을 듣는 본인이 해야 합니다. 그럴듯하지만 진실이 담겨 있지 않은 말을 'nice and plastic'이라고 합니다.

인간관계에서는 신뢰가 필수지만 그렇다고 다른 사람의 말을 곧이곧대로 다 믿으면 안 됩니다.

독재자들의 착각

Half of the harm that is done in this world is due to people who want to feel important. They don't mean to do harm. But the harm does not interest them.

이 세상에서 이루어지는 폐해의 절반은 자신을 중요하다고 느끼고 싶어 하는 사람들 때문에 이루어진다. 그들이 피해를 끼치려는 의도는 없다. 그들은 피해엔 관심이 없다.

T.S. 엘리어트 T. S. Eliot

현대 시의 선구자로 1948년 노벨문학상을 수상한 T. S. 엘리어트의 작품에 전반적으로 흐르고 있는 사상은 인간의 구제라 할 수 있습니다. 그는 그러한 사상의 작가였기에 이와 같은 말을 한 것은 어찌 보면 당연하다고 할 수 있습니다. 특히 독재자들은 자신이 중요한 존재라는 과대망상을 가지고 있으며, 그 폐해는 고스란히 국민들의 몫으로 돌아갑니다.

술이 사람을 잡을 수 있다

First you take a drink, then the drink takes a drink, then the drink takes you.

처음에는 당신이 술을 마시지만, 술이 술을 마시고, 결국은 술이 당신을 잡는다.

스코트 피츠제럴드 F. Scott Fitzgerald

술은 인생의 즐거움의 한 부분이지만, 절제하지 않으면 패가망신할 수 있습니다. 어느 것이든 지나치면 큰 폐해를 가져오는데 술이 특히 그렇습니다. 그래서 술은 '행복해지기 위해 마시지만 불행해지고, 사교를 위해 마시지만 논쟁하게 되고, 잠들기 위해 마시지만 쉬지도 못한 채 잠을 못 이루며, 기운을 내기 위해 마시지만 쇠약해진다.'는 말이 있습니다.

독주를 마시는 것을 남성성(masculinity)의 상징처럼 여기는 풍토는 이미 그 수명을 다했습니다. 과음의 결과는 저 멀리서 온갖 불행이 다가오는 것이라고 생각하면 됩니다.

피할 수 없다면 위험을 즐겨라

Every business and every product has risks. You can't get around it.

모든 사업과 모든 제품은 위험을 안고 있다. 그것을 피할 수는 없다.

리 아이아코카 Lee Iacocca

위의 말은 뛰어난 기업가로 일세를 풍미했던 미국 자동차 업계의 최고경영자 크라이슬러그룹 아이아코카 회장의 기업관이기도 합니다.

아무리 시장조사를 하고 마케팅 기법이 발달되었지만 그래도 시장의 반응은 예측하기 어렵습니다. 하지만 리스크가 있다고 해서 신제품을 출시하지 않는 기업은 결국 망할 수밖에 없습니다. 감당해야만 하는 위험이라면, 그 위험을 감수할 수밖에 없는 것이 모든 기업의 피할 수 없는 숙명입니다. 대신 성공했을 때의 보상은 리스크를 상쇄하고도 남습니다.

인생을 현명하게 살라

Life is tough, but it's tougher when you're stupid.

인생은 힘들지만, 당신이 멍청하면 더 힘들다.

존 웨인 John Wayne

우리는 시간과 돈을 투자해서 성공한 사람들의 이야기를 경청합니다. 귀가 지나치게 얇아도 안 되지만 성공한 사람들의 말을 잘 듣고, 그들의 강점을 본받아서 실천해야 자신도 성공하는 사람의 대열에 참여할 수 있는 확률이 높아집니다. 천부적 재능은 마음대로 타고날 수 있는 것이 아니지만, 노력은 다릅니다. 얼마든지 자신의 의지에 따라 추구하는 방향으로 나아갈 수 있습니다.

책도 진실해야 사랑 받는다

All good books have one thing in common – they are truer than if they had really happened.

모든 좋은 책은 한 가지 공통점이 있다 - 실제로 발생했을 일보다 더 진실하다는 점이다.

어니스트 헤밍웨이 Ernest Hemingway

사람의 마음에 깊은 감동을 남기는 명작에는 다 그만한 이유가 있습니다. 문장력이 뛰어난 책은 많지만 그 이유만으로 독자들의 사랑을 받는 것은 아닙니다. 인간의 순수한 이성에 호소하는 책이야말로 오랫동안 사랑을 받는 명작입니다. 독자들은 그것을 알아보는 혜안이 있습니다.

지옥에 이르는 길은
좋은 의도로 포장되어 있다

Despite everything, I believe that people are really good at heart.

모든 것에도 불구하고, 속마음은 모두가 좋은 사람들이다.

안네 프랑크 Anne Frank

'지옥에 이르는 길은 좋은 의도로 포장되어 있다'는 말이 있습니다.

좋은 의도를 가지고 일에 착수했지만 좋지 않은 결과를 낼 수도 있다는 뜻입니다. 예전에 미국에서 부자에게 세금을 더 내도록 하기 위해 귀금속에 고율의 세금을 부과했더니 부자들이 귀금속을 사지 않았기 때문에 귀금속을 가공하는 가난한 사람들만 일자리를 잃는 일이 벌어진 일이 있었습니다.

많은 사람들이 잘해보겠다고 결심하지만 미루는 습관이라든가, 혹은 인생의 우선순위가 바뀌어 실천에 옮기는 사람은 그리 많지 않습니다.

비밀은 지켜질 수 없는 것

A secret: something you tell everyone not to tell anyone else.

비밀: 아무에게도 말하지 말라고 모든 사람에게 말하는 것

비밀은 아무리 신뢰하는 사람에게 털어 놓더라도 일단 자신을 떠나면 비밀은 그 차체에 탄력이 붙어서 퍼지는 속성이 있기 때문에 그것을 제어할 통제력을 상실합니다. 친구에게 비밀을 털어 놓으면 그가 부담을 느낄 수도 있으니 비밀을 공유하기 전에 한 번 더 생각해 봐야 합니다. 가능하면 비밀은 전혀 갖지 않거나 아주 적게 가질수록 좋습니다.

위대한 일은 오랜 노력의 결과다

No one ever created a great thing suddenly.

아무도 위대한 일을 갑자기 창조해낼 수는 없다.

존 워너메이커 John Wannamaker

위대한 일은 치밀한 계획과 오랜 노력 그리고 어느 정도의 운이 따라주어야 합니다.

계획대로 되지 않는 것이 인생입니다. 치밀한 계획을 세웠음에도 실패한 것에 실망하지 말고 부족한 부분을 보완하면서 다시 마음을 다잡고 노력하는 것이 중요합니다. 이렇듯 계획에서 벗어난 상황을 어떻게 다루느냐에 따라 결과 또한 달라집니다.

일을 성취하기 위해 지나치게 느긋한 것도 문제지만 너무 서두르면 대작을 만들지 못합니다. 조급해 하지 말고 심혈을 기울여 자신만의 위대한 작품을 완성하세요.

화를 잘 다스리면 행복해진다

Getting angry doesn't solve anything.

화를 내는 것은 아무것도 해결하지 못한다.

그레이스 켈리 Grace Kelly

위의 명언은 모나코의 단아하고 품격 있는 왕비 그레이스 켈리의 말입니다. 우리는 오해로 인해 화를 내는 경우가 많습니다. 그러나 화가 나는 이유와 원인을 파악하고 문제를 해결하면 화가 날 일이 대부분 사라집니다. 내가 화를 내면 상대방도 감정적이 되고, 서로가 감정적이 되면 쉽게 처리할 문제도 큰 문제로 비화합니다.

변화를 기꺼이 받아들여라

Change is the law of life. And those who look only to the past or present are certain to miss the future.

변화는 인생의 법칙이다. 과거나 현재에만 마음을 쓰는 사람은 분명 미래를 놓친다.

존 에프 케네디 John F. Kennedy

모든 것은 변합니다. 현재 유리한 위치에 있다 해서 그것이 계속 보장되는 것도 아니고 또한 불리한 입장이라 해서 그러한 상황이 영원히 계속되는 것은 아닙니다. 모든 상황이 순조로울 때는 자칫 방심하기 쉬우니 오히려 주의가 필요하며, 불리한 상황에서는 지금의 전세를 역전시키기 위해 자신이 할 수 있는 정당한 노력을 다하는 자세가 필요합니다.

December

12월 / 오늘이 내 생애 최고의 날

정확한 목표를 설정하라

In life, as in football, you won't go far unless you know where the goalposts are.

축구와 마찬가지로 인생에서도 골대가 어딘지 모르면 멀리 나아갈 수 없다.

세상이 다양하고 세분화되었기 때문에 정확한 방향성을 가지고 노력과 자원을 효율적으로 투입해야 목표하는 결과를 얻을 수 있습니다. 인생의 목표가 정확히 설정되지 않았는데, 원하는 성과가 있을 리 없습니다. 확고한 목표가 설정되어 있어야 상황에 따라 수시로 방향을 수정하며 나아갈 수 있습니다. 인생의 목표는 사람마다 다를 수 있지만 많은 사람들이 인정하고 사회적인 규범에서 크게 벗어나지 않는 목표를 향해 가고 있다면 머지않아 당신이 목표로 한 길의 입구를 보게 될 것입니다.

뭉치면 기적이 일어난다

We are a people who can bring about miracles if united.

우리는 뭉치면 기적을 만들어낼 수 있는 국민들입니다.

노무현 Moo hyun Roh

주변 강대국들의 끊임없는 침탈을 겪으면서도 우리나라가 5천 년의 전통을 이어오며 세계의 변방 국가에서 세계 중심 국으로 위상을 높이고 있는 것은 전적으로 우리 민족의 단결력과 민족의 저력 이외에는 달리 설명할 길이 없습니다. 하지만 지금은 국제정세의 변화가 한치 앞을 내다볼 수 없는 격변의 시대이므로 국가 존망의 사이클이 훨씬 짧아진데다 특히 우리나라는 주변이 온통 강대국으로 둘려 쌓여 있고 그들 국가의 경계심으로 인해 처신하기가 더욱 힘들어진 점도 있습니다. 하지만 우리나라는 역사적으로도 이런 사례가 많이 있었으며 이를 잘 활용하면 유리한 국면이 전개될 수 있다는 교훈도 이미 깨달은 바가 있습니다.

알면 사랑하게 된다

A weed is no more than a flower in disguise.

잡초란 변장한 꽃에 지나지 않는다.

제임스 로웰 James Russell Lowell

'사랑을 하게 되면 눈에 보이는 모든 것이 아름답게 보인다' 는 말이 있습니다. 어느 대상을 사랑하기 위해서는 관심을 가져야 하고 관심을 기울이면 사랑을 얻을 수 있습니다.

잡초는 어떤 외부 지원 없이 척박한 땅이나 환경에서 최선을 다해 생존합니다. 우리가 그것을 잡초라는 이름으로 부르는 것은 우리의 입장일 뿐입니다. 심지어 길가에 아무렇게나 자란 듯이 보이는 가라지(강아지풀)도 관심을 가지고 자세히 들여다보면 나름대로의 아름다움을 지니고 있습니다.

긍정적이면 방법이 보인다

A positive mind finds a way it can be done; a negative mind looks for all the ways it can't be done.

긍정적인 마음은 가능한 방법을 찾지만 부정적인 마음은 불가능한 방법만 찾는다.

나폴레온 힐 Napoleon Hill

긍정적인 사람은 다방면으로 해결방법을 찾고, 부정적인 사람은 핑계거리를 찾습니다.

부정적인 사고를 가지고 있는 사람이 핑계거리를 찾는 이유는, 당장 두려운 일을 하지 않아도 되고, 일을 시도하지 않으면 일단 마음이 편하기 때문입니다. 하지만 시도하지 않고 이룰 수 있는 일은 결코 없을 것입니다.

지나친 도움은 독이 된다

The only people with who you should try to get even are those who have helped you.

당신이 유일하게 복수할 사람은 당신을 도와준 사람들뿐이다.

메이 말루 Mae Maloo

꼭 필요할 때나 결정적일 때 불가피하게 약간의 도움을 받을 수도 있지만 타인의 도움에 의존하는 마음이 크면, 자립심을 잃게 되고 결국 인생은 방향성을 잃고 표류하게 됩니다. 특히 경제적인 도움은 돈만 잃게 되는 게 아니라 인간관계까지 회복할 수 없는 지경에 이를 수 있습니다.

《채근담》에는 '은혜 가운데 원망하는 마음이 생긴다.'는 말이 있습니다. 금전적인 이해관계가 없는 가족은 대체로 좋은 관계를 유지하고 평소에도 자주 연락합니다. 그러나 가족 간에는 모든 것이 용서될 수 있다는 잘못된 믿음으로 분노를 배출하다가 돌이킬 수 없는 결과에 이르기도 합니다.

건설적인 비판의 필요성

Criticism may not be agreeable, but it is necessary. It fulfills the same function as pain in the human body. It calls attention to an unhealthy state of things.

비판은 유쾌하지 않을지 모르지만 필요한 것이다. 그것은 인간 신체의 고통과 같은 기능을 수행한다. 건강하지 않은 상태에 대해 주의를 환기시킨다.

윈스턴 처칠 Winston Churchill

비판을 위한 비판도 있지만 비판 속에 진실이 담겨 있을 수 있으므로 비판을 겸허하게 받아드리고 옥석을 잘 가리는 일이 중요합니다. 사실과 전혀 맞지 않는 비판이라면 누구의 공감도 얻기 힘들 것이고, 비판의 내용이 사실이라면 비판을 달게 받고 스스로를 개선하는 계기로 삼을 수 있습니다. 건설적인 비판을 달게 받아들인다면 오히려 예전보다 더 발전된 모습을 보여줄 수 있을 것입니다.

휴머니스트란 누구인가

A humanist has four leading characteristics - curiosity, a free mind, belief in good taste, and belief in the human race.

휴머니스트라면 네 가지 주요한 특징을 지닌다. - 호기심, 자유로운 생각, 멋진 취향에 대한 믿음, 그리고 인류에 대한 믿음이다.

E.M. 포스터 E. M. Forster

호기심이 있어야 관심을 가지게 되고, 관심이 있어야 이해하게 됩니다. 좋은 인간관계를 위해서는 무엇보다 열린 생각, 열린 마음을 지녀야 하며 또한 건전한 멋진 취향도 필요합니다. 또한 무엇보다 중요한 것은 인류에 대한 깊은 믿음이며 그러한 믿음은 곧 사랑입니다.

인류에 대한 믿음은 국제기구의 수장이나 강대국 지도자만이 가질 수 있는 것이 아닙니다. 인류의 일원으로서 당연히 가져야 하는 것입니다. 이러한 생각이 인류 전체로 확산될 때 평화로운 공존을 모색하는 기운이 이 지구 행성 전체에 골고루 퍼질 것입니다.

차이를 인정하는 것이 공존의 원리

When we lose the right to be different, we lose the privilege to be free.

남과 다를 수 있는 권리를 상실하면, 자유의 특권을 잃는 것이다.

찰스 에반 휴스 Charles Evan Hughes

　　우리나라 교육의 가장 취약한 부분이 바로 개개인의 개성과 차이를 존중하지 않고 획일적인 주입식 교육방법을 사용한다는 것입니다. 위대한 과학자나 기업가들 중에는 주입식 공교육에 적응치 못해 무능력한 사람이라는 판정을 받았던 사람들이 적지 않습니다.

　　사람은 각자 자신의 특성과 개성을 살릴 수 있는, 독특하면서도 남과 구별되는 일을 하지 않으면 결국 인생의 의의를 잃고 우울증에 빠질 수 있습니다. 사람은 사실 모두 다른 개성의 존재이기 때문에 남과 다른 자신의 개성을 발휘할 수 있는 기회조차 없다면 모든 것을 잃을 수 있는 존재입니다.

상반된 것을 다 가질 수는 없다

We can have democracy in this country, or we can have great wealth concentrated in the hands of a few, but we can't have both.

우리는 이 나라에서 민주주의를 실현할 수 있거나 몇몇 사람의 수중에 부(富)가 집중될 수 있지만, 둘 다 가질 수는 없다.

루이 브랜다이스 Louis D. Brandeis

오랫동안 미국 코미디계의 왕(king)으로 군림했던 밥 호프는 본래 영국 태생이었으나 "영국에서는 왕이 될 수 없다는 사실에 절망해 미국으로 이주했다"는 뼈있는 농담을 한 적이 있습니다.

미국은 한때 민주주의의 꽃을 찬란하게 피웠고 기회의 땅으로 세계의 많은 나라 사람들이 아메리카 드림을 꿈꾸며 미국으로의 이민을 희망했습니다. 하지만 지금은 미국에 대한 생각이 상당히 변질되고 있습니다. 미국의 상위 1%가 미국 내 전체 주식의 83%를 보유하고 있는 현실은 미국의 정신이 많이 쇠퇴했음을 보여주는 징표입니다. 사유재산의 인정은 민주주의의 근간이라 할 수 있지만 부가 소수에게 편중되지 않도록 정부의 끊임없는 노력이 필요합니다.

자신을 사랑하라

*If we could learn to like ourselves, even a little, maybe our
cruelties and angers might melt away.*

**만약 우리가 우리 자신을 좋아하는 법을 배운다면, 우리의 잔혹함과 분
노는 녹아 없어질 것이다.**

존 스타인벡 John Steinbeck

'자중자애(自重自愛)'란 말이 있습니다. 자신의 위치가 상대
방에 비해 어떻든 우리는 누구나 소중한 존재라는 인식으로
겸허한 마을을 지니는 것이 필요합니다. 우리 모두 각자가 소
중한 이유는 소중한 생명을 가졌기 때문이고, 인격적이며 개
별적인 존재이기 때문입니다. 물건이라면 언제든 같은 종류
로 대체가 가능하지만 생명은 그것이 불가능합니다. 그 무엇
으로도 나를 대신할 수 없습니다. 대체할 수 없는 것은 높은
가치를 지닐 수밖에 없습니다.

진정한 리더란

The people most preoccupied with titles and status are usually the least deserving of them.

직책과 지위에만 매달리는 사람들일수록 대개는 그럴 자격이 없는 사람들이다.

　어느 조직에나 권모술수에 밝은 사람들이 있습니다. 그런 사람들은 현란한 위장술로 인해 처음에는 일시적으로 앞서 갈 수 있으나 결국 진솔한 덕망을 갖춘 사람들이 실적을 올리고 성과를 냅니다. 이러한 사람들이 조직이나 기관의 수장을 맡을 때, 조직은 단합되고 성장할 수 있습니다. 왜냐하면 그들은 결코 처음과 끝이 다르지 않을 것이며 기대를 배반하지 않을 것임을 사람들은 믿기 때문입니다.

자신만의 세계를 구축해야 부름을 받는다

I never read reviews at all. I'm proud of the work I did.

나는 평론 기사를 전혀 읽지 않는다. 나는 내가 한 일에 대해 자부심을 가지고 있다.

니콜 키드먼 Nicole Kidman

배우가 평론가의 한 마디 한 마디에 일희일비하면 소신껏 자신만의 연기를 펼치기 어렵습니다. 평론가의 비평을 피할 수 있는 가장 현명한 방법은 다른 배우가 대신할 수 없는, 자신만의 독자적인 연기 영역을 개척하는 것입니다.

142번이나 영화의 주연을 맡아 할리우드 영화 역사상 최고 기록을 가지고 있는 존 웨인은 "평론가들이 뭐라고 하든지 사람들이 내 영화를 좋아하면 그만이다"고 말했습니다.

세상에서 인정받고 살아남는 최선의 방법은 자신만의 독특한 캐릭터를 창조하는 것입니다.

정보의 홍수에 대처하기

We are drowning in information but starved for knowledge.

우리는 정보가 넘쳐 익사할 지경이지만 지식에는 굶주려 있다.

존 네이스빗 John Naisbitt

인터넷과 함께 특히 스마트 폰의 출현으로 인한 유비쿼터스(ubiquitous) 환경이 정보의 홍수를 불러왔습니다. 이렇게 혼란스럽도록 난무하는 정보를 체계적인 지식으로 소화할 수 있는 안목을 갖춰야 세상을 자신에게 유리한 상황으로 바꿀 수 있습니다. 혼란하게 난무하는 정보에 대처하는 현명한 방법은, 자신의 목표를 설정하고 그와 관련이 깊은 정보만을 선별적으로 접근하고, 불필요한 정보는 과감히 차단하거나 무시하는 것입니다.

헤밍웨이는 《노인과 바다》에서 '이제야말로 자신이 태어난 목적을 달성하기 위해 오로지 한 가지만을 생각할 시간'이라고 했습니다. 선택과 집중은 정보의 홍수 시대에 필수적인 전략이 되고 있습니다.

이겨본 사람이 또 이길 준비를 한다

Winning is a habit. Unfortunately, so is losing.

이기는 것은 습관이다. 불행히도, 지는 것도 마찬가지다.

빈스 롬바르디 Vince Lombardi

'성공담(success story)'이라는 말이 있습니다. 승리의 희열을 경험해 본 사람은 수월하게 다음 승리를 준비합니다.

작은 승리라도 우연히 일어나는 일은 없습니다. 실력이 부족하거나 운이 없어서 패했을 때는 깨끗하게 자신의 패배를 인정해야 다음을 준비할 수 있습니다. 패배에 대한 변명이 지속되면 차츰 누구도 그의 말에 귀를 기울이지 않을 뿐만 아니라 이미지만 손상됩니다. 명심해야 할 것은 패배는 대개 일시적인 일이지만 포기하면 영원한 패배가 된다는 것입니다. 승리하기 위해서는 실천적 준비가 필요합니다.

꼭 알아야할 두 가지 사실

The trouble with learning from experience is that you never graduate.

당신은 경험으로부터 배우는데 문제는 결코 졸업할 수 없다는 것이다.

덕 라아슨 Doug Larson

인생을 살아가며 꼭 알아야 할 두 가지 사실은 '세상에 당연한 것은 없다'와 '우연히 이루어지는 일은 없다'는 것입니다.

인류의 경이로운 진보는 사실상 학습의 힘에서 비롯된 것이라고 해도 과언이 아닙니다. 새로운 것을 배우는 데서 오는 환희의 극치에 대해 공자는 '아침에 도를 들으면 저녁에 죽어도 좋다'는 말로 표현한 바 있습니다. 지식과 지혜에 대한 공자의 열망이 어느 정도인가를 보여주는 말이 아닌가 싶습니다.

사회·경제적으로 높은 지위를 누리는 사람은 대체로 다른 사람이 잠자는 사이 자신의 잠을 줄여 가며 노력한 사람입니다. 세상에 우연히 이루어지는 일은 없습니다.

교육은 가장 든든한 노후준비

Education is the best provision for the journey to old age.

교육은 노년의 여정을 위한 최선의 준비다.

아리스토텔레스 Aristoteles

    정년을 몇 년 앞둔 어느 대기업의 부장이 '새로운 배움'에 시간과 비싼 수업료를 아낌없이 투자하는 것을 본 일이 있습니다.

    새로운 배움을 통해 자격을 얻고 그로 인한 경제적인 이득을 얻는 측면도 있지만, 그보다는 제 2의 인생을 위한 준비를 하고 있는 것이 너무 보기 좋았습니다. 경제적인 형편은 사회 경제적인 여건이나 개인의 부침(浮沈)에 따라 변할 수 있을지라도 지식은 자신이 노력하는 만큼 차곡차곡 축적되는 가장 든든한 노후준비입니다.

투표의 한계

We would all like to vote for the best man but he is never a candidate.

우리 모두 최고 적격인 사람에게 투표하고 싶지만 그런 사람은 결코 후보자가 되지 않는다.

킨 허버드 Kin Hubbard

덕망과 지도력을 갖춘 사람이 우리 사회를 이끄는 정치 지도자가 되어야하는데, 그런 사람들은 이미 자신의 분야에서 독보적인 존재가 되어 있을 가능성이 농후합니다. 그러니 그런 이들이 구태여 아수라장인 정치판에 뛰어들 필요성을 못 느끼거나 탐욕스런 권력욕이 없기에 후보자로 나서지 않는 것이 현실입니다.

지금까지 우리 유권자들의 투표 성향 즉 지역, 출신, 학력 등 구태의연한 투표는 지향되어야 합니다. 입후보한 후보자의 겉으로 드러난 화려한 학력이나 경력에 현혹되지 말고 후보자가 걸어온 길을 유심히 살펴보고 꼼꼼히 분석하여 투표하는 것이 중요합니다. 나라의 곳간과 살림을 통째로 맡게 되는 사람인데, 최소한 윤리와 도덕으로 무장되어 있는 사람을 찍어야 하지 않을까요?

정치인과 정치가의 차이점

A politician thinks of the next election. A statesman, of the next generation.

정치인은 다음 선거를 염두에 두지만, 정치가는 다음 세대를 생각한다.

제임스 프리맨 클라크 James Freeman Clarke

과거에 비해 정치인은 폭발적으로 증가했지만 진정한 의미의 정치가는 매우 드뭅니다. 오늘날 선진국으로 민주주의가 굳건히 자리 잡은 나라들을 보면 훌륭한 정치가와 산업 지도자들(political and industrial leaders)이 그 나라엔 존재하고 있었습니다. 그런 지도자를 알아보고 선택하는 것은 역시 국민의 안목에 달려 있습니다.

칭찬은 가장 효율적인 투자다

Nine tenths of education is encouragement.

교육의 9할은 격려하는 것이다.

아나톨 프랑스 Anatole France

　　가장 효율적인 교육은 스스로 깨달음을 얻어 체득하는 것입니다. 훌륭한 교육자는 그러한 과정이 끊임없이 일어나도록 격려하고 칭찬하는 일이 습관이 된 분들입니다. 특히 감수성이 예민한 청소년기에는 칭찬을 통한 긍정적인 자극이 필수입니다. 어릴 때 스승이 무심코 던진 칭찬 한 마디에 고무되어 자신의 길을 찾고 자신의 분야에서 일가를 이룬 사람들을 우리는 이미 많이 알고 있습니다.

역사를 통해 배우다

When there is no enemy within, the enemies outside cannot hurt you.

내부에 적이 없으면, 외부의 적이 당신을 해칠 수 없다.

아프리카 속담

국민이 일치단결했던 강소국(強小國)은 세계를 호령했던 패권국가도 함부로 무시하지 못했습니다. 조직도 마찬가지입니다. 구성원이 공동운명체라는 의식으로 같은 목표를 가지고 노력하면 주위의 신망을 얻어 이루지 못할 일이 없습니다. 그러기 위해서는 리더의 역할이 중요합니다. 리더란 핑계를 대는 사람이 아니라 끝까지 책임을 지는 사람을 뜻합니다.

바보도 비판할 수 있다

Any fool can criticize, condemn, and complain but it takes character and self- control to be understanding and forgiving.

어떤 바보라도 비판하고 비난하며 불평을 할 수 있지만, 이해심을 가지고 용서하려면 인격과 자제력이 필요하다.

데일 카네기 Dale Carnegie

'일을 해내기보다는 말이 쉽다(Easier said than done.)'는 격언이 있습니다. 인간은 비판이 주는 달콤한 유혹에 빠질 수 있습니다. 그것은 인간의 내면 깊숙하게 숨겨져 있던 인간의 본성인 공격성의 에고를 만족시키기 때문입니다. 자신이 보기에 그 일이 불가능해 보인다고 그 일을 하는 사람을 방해해선 안 됩니다. 바보라도 비판은 할 수 있습니다.

사랑은 완전한 자유의지를 약속하는 것

*No man is good enough to govern any woman without her
consent.*

어떤 남자도 여자의 승낙 없이는 그녀를 지배하기에 충분치 않다.

수전 앤서니 Susan B. Anthony

　진정한 사랑은 소유하지 않는 것입니다. 사람은 자유의지
가 있기 때문에 구속할수록 반발력 또한 커집니다. 사랑은 키
움의 연속입니다. 때문에 깃털이 자라서 자유롭게 날 수 있도
록 인내심을 가지고 도와주어야 합니다. 또한 사람의 감정이
란 본래 부정적인 면이 강해서 언제까지나 변치 않으리라는
것을 장담할 수 없습니다.

　어떤 남자도 여자의 승낙 없이는 그녀를 지배하기에 충분
치 않습니다. 그러나 여자는 마음이 움직이면 발끝은 스스로
그 남자를 향합니다.

반복은 명장의 지름길

We are what we repeatedly do. Excellence, then, is not an act but a habit.

우리는 반복에 의해 만들어진다. 그렇다면 탁월함이란 행위가 아니라 습관이다.

아리스토텔레스 Aristoteles

영어 명언에 '반복하면 완전해 진다(Practice makes perfect)'라는 말이 있습니다.

모든 분야의 명장은 모두 부단한 반복의 결과입니다. 반복의 지루함을 이기고 꾸준함을 유지하는 태도가 인생의 성공과 실패를 가릅니다. 성공하는 것만이 절대적인 인생의 목표는 아닐 수 있지만, 자신의 분야에서 탁월한 업적을 내면 말할 수 없는 환희를 경험하게 됩니다. 부단한 반복이 당신의 인생을 명장으로 만듭니다.

잘하는 것을 즐겨라

The secret of joy in work is contained in one word - excellence.
To know how to do something well is to enjoy it.

일에서 얻는 환희의 비결은 한 마디에 담겨 있다. - 탁월함이다. 무언가 잘하는 방법을 알려면 그것을 즐기면 된다.

펄벅 Pearl S. Buck

어떤 분야에서든 탁월한 업적을 내려면 비상한 노력이 필요합니다. 노력에는 고통과 수고가 따르지만 이를 잊게 해주는 방법은 그 일을 즐기는 것입니다. 일을 즐기기 위해서는 두 가지 방법이 있는데, 첫 번째는 자신이 좋아하는 일을 찾는 것이고, 두 번째는 좋아하는 일이 아니더라도 피할 수 없으면 즐긴다는 자세입니다. 즐기기 위해서는 우선 그 일에 대해 자세히 알고 관심을 가지며 왜 그 일을 해야 하는지 분명한 이유를 알고 있어야 합니다.

관심을 가지면 많이 알게 되고 많이 알면 그 일이 수월해지며 결국은 달인이 됩니다. 어떠한 일도 숙달되면 일하는 고통은 당연히 급감합니다.

남자와 여자는 같으면서도 다른 존재

Men and women belong to different species and communications between them is still in its infancy.

남자와 여자는 서로 다른 종족에 속해 있으며, 양자 간의 의사소통은 여전히 유년기 상태에 있다.

빌 코스비 Bill Cosby

　　남자와 여자는 인류의 영원한 숙제입니다. 하지만 남녀의 이런 차이가 역설적으로 상대에 대해 끝없이 탐구하도록 자극합니다.

　　필자 역시 남녀는 정말 차이가 없는 듯이 보이면서도 한편으론 근본적으로 다르다는 생각을 합니다. 동성이라면 눈빛만 봐도 무엇을 원하는지 조금만 겪어도 알 정도가 되지만, 남녀는 몇 십 년을 함께 살아도 소통이 전혀 안 될 때가 있습니다.

　　남녀가 각각 다른 행성에서 왔다는 가설 아래 쓴 존 그레이의 《화성에서 온 남자 금성에서 온 여자》란 책이 세계적인 베스트셀러가 된 이유이기도 합니다.

행운은 준비된 자의 것이다

I'm a great believer in luck and I find the harder I work, the more I have of it.

나는 운을 열렬히 믿으며 내가 열심히 일할수록 운이 더 따르는 것을 안다.

토머스 제퍼슨 Thomas Jefferson

인생이란 참으로 오묘한 것이어서 운이 큰 작용을 합니다. 주연이나 주전 선수가 사정이 있어 연기나 경기를 못하게 되었을 때 우연히 대타로 기용된 배우나 선수가 기대를 뛰어넘는 실력을 발휘하는 경우를 흔히 봅니다. 존 트래볼타가 출연 제의를 거절하지 않았더라면 리처드 기어는 영화 〈사관과 신사〉의 주인공이 될 수 없었습니다.

성공의 비결은 기회가 왔을 때 준비가 되어 있는가의 문제입니다. 행운이란 준비된 자를 위해 기다리고 있습니다.

사랑은 새로운 사랑을 낳는다

The most important thing a father can do for his children is to love their mother.

아버지가 자녀를 위해 할 수 있는 가장 중요한 일은 어머니를 사랑하는 것이다.

시어도어 헤스버그 Theodore Hesburgh

유년시절 부모님의 아름다운 배려와 사랑의 기억은, 자녀의 가슴에 잠재적인 습관으로 남아 자녀들이 성장한 후 결혼하여 행복한 부부생활을 누릴 수 있게 하는 굳건한 토대와 자양분이 됩니다.

사랑의 경험은 새로운 사랑을 낳습니다. 자녀에게 물려줄 수 있는 정신적 유산 중 이보다 더 소중한 것은 없습니다. 아내를 사랑하고 소통하는 방식은 은연중 자신의 아버지로부터 배운다고 하니 의도적으로라도 부부는 자신들의 사랑을 연출할 필요가 있습니다.

아버지가 된다는 것

To become a father is not difficult, but to be a father is.

아버지가 되기는 어렵지 않지만 아버지이기는 쉽지 않다.

'신(God)이 모든 곳에 존재할 수 없기에 대신 어머니를 보냈다'는 탈무드의 명언이 있으나 아버지의 존재도 꼭 필요합니다.

과거 가부장적인 사회에서는 아버지가 가정 내 권력자로 군림하기도 했으나 현 시대는 아내와 공동으로 가정을 경영하는 사람, 자식들에게는 명령하는 사람으로서의 아버지가 아니라 조언하는 사람으로서 역할을 하는 시대입니다. 아버지만의 역할을 찾아보세요.

재능보다 인격

It is not the gift, but the thought that counts.

중요한 것은 재능이 아니라 사상이다.

헨리 반 다이크 Henry Van Dyke

훌륭한 사상과 바른 인격이 뒷받침되지 않은 재능은 불행한 결과를 낳기도 합니다. 재능은 뛰어나지만 잘못된 가치관을 지님으로써 사회에 물의를 일으키는 일이 종종 발생하여 그의 재능에 실망하는 경우가 발생합니다. 기능 교육에 앞서 인성교육이 필요한 이유입니다.

철학이 굳건해야 재능을 맘껏 꽃피울 수 있습니다.

미래의 불확실성을 제거하려면

Long range planning does not deal with future decisions, but with the future of present decisions.

장기간의 계획이란 미래의 결정을 다루는 것이 아니다. 현재 결정한 것의 미래를 다루는 것이다.

피터 드러커 Peter F. Drucker

지금 당장 일어날 일이 아니라는 생각으로 신중하지 않은 결정은 미래에 큰 후회를 남기게 됩니다. 현재의 입장에서 발생가능한 모든 상황과 결단에 따른 영향을 염두에 두어야 합니다.

미래를 읽고 시장을 선도하는 기업은 천문학적인 순익을 남기고 번영하는 반면, 성공에 안주하는 기업은 사모펀드에 매각되는 등의 비운을 목격하곤 합니다. 불과 3년 전에 사상 최고의 순익을 올리며 모든 사람들의 찬사를 받던 한 게임기 제조업체가 대규모 적자를 기록하며 존망의 기로에 서게 된 것도 자만심에 따른 잘못된 의사결정이 초래한 참화입니다.

시련이 없었던 때는 없었다

In times like these it helps to remember that there have always been times like these.

이와 같은 때에는 항상 이와 같은 때가 있었다는 것을 기억하면 도움이 된다.

    참혹한 전쟁, 경제공황, 몇 년째 계속되는 가뭄, 코로나 19와 같은 대재앙은 과거에도 있었고 앞으로도 있을 것입니다. 그런 어려운 시기에도 사람들은 희망과 용기를 잃지 않고 잘 견디어 왔습니다. 우리가 역사에서 배우는 유일한 교훈은 어떤 힘든 시간도 다 지나간다는 것입니다. 역사에서 진정 배워야 할 것은 잘못된 과거를 반복하지 않는 일인데 무엇 때문인지 그게 잘 이루어지지 않고 있습니다.

December

위대한 사람들의 자취는 그가 남긴 말로 남는다. 한 세기를 풍미했거나 수 세기에 걸쳐 그 명성이 유지되는 명사나 위인의 말을 소개하면서 가능한 한 그들의 생애도 철저히 살펴보려 온 힘을 다했다. 그들이 처한 시대적 상황이나 삶의 궤적에 대한 치열한 검증 없이는 명언을 제대로 해석할 수 없다는 생각 때문이었다.

이 책에 소개된 명사들은 대부분 열정적이고 극적인 인생을 산 사람들이다. 물론 저명인사로서의 영광도 누렸겠지만 그 자리에 서기까지 수많은 도전과 좌절, 눈물겨운 노력, 세상의 비난과 조롱을 온몸으로 이겨낸 이들이다.

문자가 발명된 이래 헤아릴 수 없는 양의 말이 쏟아졌지만, 오늘날까지 명언으로 남아 감동을 주는 것은 단순히 재치 있는 말(quip)이 아니라 그 안에 인간적인 고뇌와 성찰, 체험을 통한 진실이 담겨 있기 때문이다.

이 책이 나오기까지 사반세기를 함께해 온 아내의 힘이 컸다. 무려 60여 번 넘게 졸고를 통독하며 때로는 독자로서 때로는 비평가로서의 조언을 아끼지 않았다. 그의 지칠 줄 모르는 열정과 집념에 경의를 표한다. 저명인사도 아니면서 그동안 책을 여덟 권이나 내고 소중한 독자와 글을 통해 대화를 나눌 수 있다는 것은 대단한 호사가 아닐 수 없다. 하지만 졸저를 상재(上梓)하는 소감이라면 어느 올림픽 금메달리스트의 말과 다를 게 없다. "책을 내는 게 두려운 게 아니고 어떻게 노력해야 독자들에게 진실하게 다가갈 수 있는지 알기에 무섭다."

한편 이 책에는 각 명언의 원문을 실어 독자들이 자연스럽게 영어를 복습할 수 있게 했고 또한 필자의 인생 체험을 바탕으로 명언이 주고자 하는 교훈과 의미를 재미있게 풀어나가려 시도했다.

이십여 년 동안 명언을 탐구하면서 수많은 명사와 위인들을 만났지만 그중에서도 마크 트웨인, 링컨, 알버트 아인슈타인, 벤저민 프랭클린, 니체, 오스카 와일드, 에머슨, 토머스 제퍼슨 등의 천재적인 관찰력과 웅숭깊은 철학에 매료되었다.

그 밖에 문화예술계의 명사, 특히 메이 웨스트, 말론 브랜도, 잭 니콜슨, 마릴린 먼로 등의 촌철살인과 같은 명언에도 깊은 인상을 받았다. 모쪼록 이 책의 곳곳에서 각계의 명사들이 전달하고자 하는 사랑, 행복, 성공, 위안의 메시지를 통해 이 책의 독자들이 더욱 행복하고 성공적인 삶이되기를 기원한다. 끝으로 이 책의 출판을 허락해 준 함께북스의 조완욱 발행인과 편집, 표지, 제본 등 제작과정에 참여한 분들의 노고에 감사드린다.